Freud e a Judeidade

Transmissão da Psicanálise
diretor: Marco Antonio Coutinho Jorge

Betty Bernardo Fuks

Freud e a Judeidade

A VOCAÇÃO DO EXÍLIO

ZAHAR

Para Sara, Samuel e Bernardo
pela transmissão

2000
Direitos para esta edição contratados com:
Jorge Zahar Editor Ltda.
rua Marquês de S. Vicente 99 - 1º | 22451-041 Rio de Janeiro, RJ
tel (21) 2529-4750 | fax (21) 2529-4787
editora@zahar.com.br | www.zahar.com.br

Capa: Carol Sá e Sérgio Campante
Ilustração: Lena Bergstein, *Diferenças e semelhanças*, técnica mista, 1998
Composição: TopTextos Edições Gráficas

CIP-Brasil. Catalogação-na-fonte
Sindicato Nacional dos Editores de Livros, RJ

F972f Fuks, Betty Bernardo
Freud e a judeidade: a vocação do exílio / Betty Bernardo Fuks. - Rio de Janeiro: Zahar, 2000.
(Transmissão da psicanálise)

Inclui bibliografia
ISBN 978-85-7110-569-0

1. Freud, Sigmund, 1856-1939. 2. Judaísmo e psicanálise. I. Título.

CDD: 150.1952
00-1129 CDU: 159.964.2

Sumário

Nota introdutória

As obras de Freud citadas neste livro foram retiradas da edição espanhola das *Obras completas* de Sigmund Freud publicada por Amorrortu Editores, de Buenos Aires. Todas as citações foram traduzidas para o português pela autora. Já os títulos dos artigos e livros de Freud mencionados no corpo do texto em português são os que lhes dá a *Edição Standard Brasileira*, da Imago Editora. Nas notas ao texto, constam o número do volume e a página referida, os dados bibliográficos completos encontrando-se na Bibliografia.

Há inúmeras palavras da língua hebraica mencionadas ao longo do livro, em transliteração para o português. Ora, a língua portuguesa oferece dificuldades para vocalizar e transliterar algumas formas consonantais características da língua hebraica e do ídiche. Assim, optou-se aqui por seguir os critérios de transliteração adotados no *Dicionário judaico de lendas e tradições*, de Alan Unterman, traduzido por Paulo Geiger para Jorge Zahar Editor, e no livro, de Jacó Guinsburg, *Aventuras de uma língua errante*. São esses critérios, principalmente, os seguintes:

sh como *ch* em chuva
kh como a consoante *h* pronunciada à maneira do *jota*, no espanhol
ch como a consoante *r* no início das palavras da língua portuguesa

Além disso, em anexo, há um pequeno glossário de termos da língua hebraica mencionados repetidas vezes, que visa facilitar sua leitura, servindo ao leitor sempre que este deseje um esclarecimento rápido. As palavras nele incluídas estão seguidas de um asterisco (*) em sua primeira ocorrência no texto.

Agradecimentos

Este livro retoma, essencialmente, os trabalhos de meu doutoramento junto à Escola de Comunicação e Cultura da Universidade Federal do Rio de Janeiro, sob a orientação dos professores Regina Andrade e Francisco Antonio Doria. Agradeço a eles seus preciosos conselhos, sem os quais a pesquisa não teria sido concluída.

Também quero exprimir minha gratidão a Scherrine Borges e Chaim Samuel Katz pela generosidade com que, em diferentes etapas da elaboração da tese, trouxeram contribuições inestimáveis ao texto. Sou igualmente grata a Marco Antonio Coutinho Jorge, pela acurada leitura final deste livro.

Quero exprimir a Moisés, com quem compartilho a alegria de transmitir o valor da vida a nossos filhos, Andréa, Anna e Daniel, àqueles que amorosa e incondicionalmente me incentivaram a ultrapassar os obstáculos e prosseguir com a escrita.

Introdução

O exílio foi, talvez, a primeira questão,
pois o exílio foi primeira palavra –
o antes-do-exílio é o antes-da-palavra.
Edmond Jabès

Meu projeto inicial para tentar responder à espinhosa e recorrente questão sobre as marcas da cultura judaica na psicanálise começou a tomar corpo quando escolhi o curso de doutoramento em comunicação e cultura da Escola de Comunicação da UFRJ para concluir meus estudos de pós-graduação. Tal escolha prendeu-se ao fato de que o programa transdisciplinar dessa escola tem como norma assegurar uma permanente troca, fluente e fecunda, entre as várias expressões mais significativas do pensamento clássico e contemporâneo. Minha intuição era de que esta modalidade de ensino enriqueceria os caminhos sempre sinuosos que devemos percorrer quando o desejo nos leva a buscar palavras para falar sobre alguma coisa ainda por demais obscura e confusa.

Comecei por um caminho oblíquo, indireto, e, num primeiro momento, talvez empolgada pelo fascínio especular exercido pela leitura de vários autores que se debruçaram sobre o tema, busquei articular judaísmo e psicanálise pelo método de comparação identitária entre a cultura judaica e a descoberta freudiana. Aos poucos me vi aprisionada e consumida pela imensa exegese que ia construindo a partir de meus próprios preconceitos e de tudo que já se disse sobre o tema. Para fugir à repetição do mesmo, foi preciso mudar radicalmente o rumo e correr o risco de ficar face a face com o desconhecido, admitindo a amplitude das fronteiras deste objeto multiforme que se chama judaísmo. Dediquei-me, então a pensar de que forma Freud dele esteve próximo e o que pode isto ter trazido à prática clínica que inventou, em que a alteridade desfaz os jogos de espelhos para que o sujeito aproprie-se de sua própria verdade.

O esforço de conservar-me fiel à radicalidade da psicanálise, de escutar o sujeito e a cultura levou-me, por fim, àquilo que penso ter sido a única via possível de acesso à minha hipótese inicial: uma arqueologia[1] da cultura do judaísmo na psicanálise só pode aparecer quando e na medida em que esta cultura tenha sido transformada pelo próprio Freud, ao melhor estilo goethiano, segundo a máxima do poeta citada por Freud em *Totem e tabu*: "Aquilo que herdaste de teus pais, conquista-o, para fazê-lo teu."[2] Assim pus-me a tecer sem tréguas algumas respostas contingenciais ao que, no só-depois (*Nachträglich*), descobri ter sido o cerne de minha hipótese: o *devir-judeu* de Freud, aquilo que se diferencia radicalmente de sua condição de judeu, pois trata-se menos do acaso passado de seu nascimento do que do futuro daquilo que se esfoçou para moldar, encontrou na psicanálise sua expressão maior enquanto prática do não-idêntico, prática da desidentificação e prática do desejo de diferença. Caso se aceitem como verdadeiras as conclusões deste trabalho, pode-se afirmar que pensar de que modo Freud exerceu sua judeidade[3] – categoria presente e discutida ao longo deste livro –, protege a psicanálise da mistificação de se lhe atribuir uma origem judaica e demonstra a contingência que levou um judeu sem Deus, como o próprio Freud se designava, a criar a psicanálise e a sustentar o seu porvir.

Todos os capítulos partem rigorosamente dos pronunciamentos de Freud sobre o judaísmo e sobre sua experiência cultural e afetiva como judeu, tanto nos livros e artigos que publicou como em sua correspondência pessoal. E creio poder dizer que fui instigada a ingressar no estudo e na reflexão que resultaram na escrita deste texto por duas observações de Freud que envolvem significativamente a circunstância de ter sido ele judeu: a afirmação sobre a influência da absorção precoce da história bíblica em sua formação intelectual e o reconhecimento de que o fato de pertencer à minoria judaica e ter aprendido com isso a resistir no isolamento revelaram-se extremamente positivos e fortalecedores em sua luta contra as resistências, internas e externas, à psicanálise. De certo modo, acabei percebendo o vínculo entre essas indicações que serviram de farol para a minha escrita, a qual relê e reinterpreta uma com a ajuda da outra, repetidas vezes nos capítulos a seguir.

É comumente admitido que a psicanálise trouxe uma contribuição decisiva, ainda que tão contestada, para o desenvolvimento de uma crítica contra toda a forma de preconceito, bem como se reconhece que a marginalidade social, cultural e pesssoalmente sentida por Freud, enquanto judeu vienense da diáspora – que viveu e produziu nas circunstâncias especiais de tempo e espaço da virada do século em Viena –, mostrou-se fundamental para a constituição da prática e da teoria analíticas. Mas a experiência cultural inscrita no percurso da vida e da produção do descobridor do método psicanalítico não foi apenas uma marca histórica que ele tenha recebido passivamente. Contam muito a repercussão íntima e a resposta transformadora que lhe facultaram resolver progressivamente a constituição da própria judeidade e traçar as estratégias de combate e tolerância às resistências à psicanálise.

No discurso da cultura da época de 1900, quando Freud escreveu a obra que considerou inaugural da psicanálise, *A interpretação dos sonhos*, a categoria de judeu era um dos fantasmas da maioria em relação ao outro, o que fazia com que cada judeu acabasse por se sentir como vítima e herói do processo de modernização política que tivera início no Iluminismo, e do qual a emancipação dos judeus foi um aspecto. O caminho que encontrei para colher o que depois se transformou no primeiro capítulo deste trabalho, "Estratégias de resistência", foi o de pesquisar de que forma Freud recebeu a transmissão do judaísmo, que fatores de um movimento cultural e social poderiam ter incidido em sua formação, e como Freud foi particularizando, subjetivando essa herança da qual, em tempo algum, quis abrir mão. Essa vivência de judeidade corria paralela à sua experiência de consolidar um método para atender e tratar o que é excluído, o que se guarda no recôndito da alma. A invenção de um modo próprio de exercer o judaísmo, que traduz uma novidade até mesmo para os próprios judeus, e de resistir às resistências do Ocidente ao judeu exigiu de Freud as mesmas forças que precisava mobilizar contra a resistência dos pacientes ao tratamento por ele proposto, bem como a resistência da cultura iluminista e da ciência positivista, que recusavam suas descobertas.

Uma revisão bibliográfica, no capítulo "Lendo Freud, a psicanálise e o judaísmo", foi necessária para buscar uma metodologia de trabalho que me ajudasse a permanecer fiel à letra de Freud e à minha escuta analítica. Os vícios de psicobiografar Freud, de judaizar a psicanálise e de psicanalisar o judaísmo – tão correntes na literatura psicanalítica, nos volumes dedicados à história da psicanálise e nas biografias de Freud – foram talvez a maior tentação por que passei até poder escolher ler Freud com Freud, isto é, procurar apenas ler-escutar suas letras e acatar seus silêncios. Alguns autores serviram de guia e referência para um percurso que me obrigava a repensar, a um só tempo, na mesma aventura, minha própria judeidade e meu lugar de analista, que precisa prestar-se a ser reinventado a cada escuta, a cada interrupção abrupta do tratamento, a cada final de análise, uma vez que a psicanálise como ciência do particular exige o compromisso do analista com a criação e com a singularidade.

Entre os textos que me acompanharam nesse percurso, destacam-se os trabalhos de Emmanuel Lévinas, que reúnem um extraordinário equilíbrio entre o universo do discurso da filosofia ocidental e a especificidade da ética judaica de abertura ao Outro. O pensamento desse filósofo orientou-me na leitura dos textos sobre judaísmo, assim como norteou, de um modo geral, algumas as aproximações e separações que construí entre psicanálise e judaísmo. Os trabalhos do historiador Yossef Hayim Yerushalmi influenciaram de maneira decisiva o curso seguido no presente estudo. Além de ter eu me inspirado em suas contribuições sobre a singularidade da historiografia judaica, revelaram-se de grande valia para este livro a tradução e a análise que ele faz da dedicatória escrita em hebraico por Jakob Freud para seu filho na Bíblia de sua família – uma vez que qualquer esforço para compreender a experiência cultural judaica de Freud e os possíveis efeitos desta sobre a psicanálise não dispensa recorrer ao Livro dos livros.

Isso fez com que eu acabasse por forçosamente desembocar na relação do judeu com a escrita, o que me moveu em direção ao pensamento do filósofo Jacques Derrida, para o qual os desconfortos hebraicos seculares da repetição do exílio e do nomadismo são o próprio movimento da escrita. Toda a prática de desconstrução de textos pela leitura crítica desse filósofo foi de grande importância para a elaboração das questões aqui levantadas, especialmente quando se tratou de pensar o modo como o povo judeu produz sua memória e a função da memória no processo psicanalítico.

No retorno a Freud proposto por Jacques Lacan – que implicou percorrer criticamente não apenas os desvios que se havia impresso à teoria freudiana, mas também, e principalmente, a revisão radical do lugar do analista –, pude encontrar indicações inestimáveis para a construção do objeto deste trabalho. Os diversos apontamentos que Lacan fez em alguns de seus seminários sobre a presença de traços da tradição da leitura e da escritura hebraicas na psicanálise foram alguns dos atalhos que percorri para escutar os ecos da modalidade particular de interpretação dos textos sagrados pelos judeus que ressoam na lógica da interpretação psicanalítica.

Quando Freud reconhece que a leitura precoce da Bíblia o marcara profundamente, decerto abre a possibilidade de se pensar a interveniência de uma outra lógica, que não a greco-latina, em seu pensamento. Foi dentro desse contexto, e atenta ao fato de que, no Antigo Testamento, está o ponto de partida da ética, da estética, da religião e da política do povo judeu, que mergulhei na construção freudiana de *Moisés e o monoteísmo* (1939). No terceiro capítulo, "O exílio e o estranho", atravessei alguns textos bíblicos nos quais a eleição do povo judeu pela estranheza destaca-se pela busca da diferença no que lhe é exterior e pela fé inabalável no Incognoscível. A precedência do nomadismo e da errância sobre a sedentarização na história do povo judeu e a valorização do estrangeiro presente no Livro dos livros serviram-me de guia na leitura de *Moisés e o monoteísmo.* Fazer do profeta maior do judaísmo um estrangeiro, um egípcio e não um hebreu, tema central desse texto, está, na realidade, perfeitamente de acordo com o *ethos* bíblico: Abraão, patriarca do povo judeu, a moabita Ruth, matriarca da realeza judaica, e Jacó, o que combate face a face o Desconhecido, o anjo de um Deus Estrangeiro, traduzem a exigência de estrangeiridade (*étrangeté*) e de encontro com a exterioridade dos velhos escribas hebreus. Essa exigência é também a de Freud, quando fala da impossibilidade de definir sua identidade judaica, e de outros, que lêem no judeu um dos nomes do não-idêntico. Depois de atravessar *Moisés e o monoteísmo*, onde Freud, valendo-se da metáfora bíblica, faz uma reflexão profunda sobre os destinos da psicanálise e sobre as possibilidades de sua sustentação na cultura, parece legítimo pretender que este escrito manifesta a exigência freudiana de que o analista possa tornar possível, em seu ofício impossível, o exílio necessário que cada paciente experimenta como condição do advento de sua palavra.

O texto bíblico não apenas consigna ao homem estrangeiro uma importância capital, como encerra a singularidade da estranha e assombrosa idéia de um Deus feito de nada, pura ausência: sem nome nem rosto, sem imagem nem essência. A transcendência absoluta de YHVH*, designada pela palavra *Kadosh** – que significa ao mesmo tempo santo e separado – é absolutamente conforme à estranheza do povo judeu, assim como o tempo do homem hebreu, que é sempre o do devir, está também de acordo com um Deus que se apresenta no tempo futuro: "Eu serei o que serei" (Êxodo: 3,13-14). A concepção de Deus no judaísmo é a de uma presença que se define pela ausência radical e absoluta. A doutrina mosaica é a expressão de um fosso radical que se abriu entre o homem e a divindade, onde a palavra se faz o fio infindável que tece a narrativa sobre o vazio que insiste entre Deus e os homens e entre o homem e o homem. Esta concepção de Deus como ausência é o ponto de partida para se compreender como se dá a formação da alteridade para os judeus. Quais são seus ecos na descoberta freudiana? Foi o que tentei escutar no quarto capítulo, "YHVH, o Estrangeiro dos estrangeiros".

O *Cântico dos cânticos*, poema bíblico que encena o paradoxo de um encontro que já é em si mesmo uma separação, foi a grande metáfora cultural que escolhi para pensar o fenômeno da transferência nas análises e as recomendações freudianas sobre o manejo do dom para acolhê-la. O lugar que o amor tem na transferência exige a primazia da linguagem na experiência analítica, como no espaço poético de uma realização sempre por vir.

Por último, o título do quinto capítulo – "Interpretação: errância e nomadismo da letra" – busca traduzir o fato de que a leitura judaica de um texto, a psicanálise e a própria escrita participam da mesma abertura para a palavra que cada um é chamado a dizer. Na leitura judaica de um texto, é o signo ausente que dá vida ao discurso. O texto hebraico, em sua forma original, não está totalmente dado, e a palavra só pode ser lida por aquele que a reconhece no contexto em que ele, leitor, se encontra situado. Um só versículo bíblico contém uma possibilidade infinita de interpretações, que passam a habitar, mesmo que contraditórias, a mesma página do Talmude*.

A proibição da idolatria do texto e a necessidade de ateísmo da escritura exigem de seu intérprete – o talmudista – a posição de ateu, isto é, de alguém que não impeça o advento da palavra, transformando a Escritura em ídolo, em totem. A escuta do inconsciente também exige o ateísmo do analista: que ele não se submeta a nenhum saber dogmático sobre o outro para que as letras do infinito dicionário dos homens possam emergir do silêncio, tornando-se palavra plena de sentido.

I.

Estratégias de Resistência

Dois temas percorrem esta obra:
o do meu próprio destino e o
da história da psicanálise.
Eles estão profundamentes ligados.
Sigmund Freud,
"Um estudo autobiográfico"

Para pensar como Freud inventou, praticou e demonstrou um modo singular de afirmar-se judeu e de que maneira esta escolha revelou-se fecunda para a psicanálise, é preciso primeiro delimitar o contexto histórico e cultural em que ele viveu, destacando os elementos religiosos, étnicos e éticos que, direta ou indiretamente, o marcaram. Isto implicará, necessariamente, em refletir sobre os acontecimentos históricos que, transcendendo os limites das comunidades judaicas européias, ao mesmo tempo que sobre elas exerceram influência, contribuíram decisivamente para a formação da judeidade de Freud e para a elaboração de sua obra.

Creio que a bússola mais precisa para uma primeira orientação é o próprio "Estudo autobiográfico" (1925) do mestre de Viena. "Nasci em 6 de maio de 1856 em Freiberg, na Morávia, um pequeno povoado do que hoje é a Tchecoslováquia. Meus pais eram judeus, e eu segui sendo-o. Quanto à minha família paterna, acredito que viveu perto do Reno." Algumas linhas adiante, Freud faz um pequeno inventário de algumas das desterritorializações sofridas por esta parte de sua família que, "no século XIV ou XV fugiu em virtude de uma perseguição aos judeus, ... e ao longo do século XIX começou a migrar a partir do Leste, passando pela Galícia, até instalar-se na Áustria alemã."[1]

O que chama atenção nesse texto é que nele Freud ressalta a precedência das experiências de êxodo e de exílio sobre a da sedentarização de sua família. Tais experiências, que davam prosseguimento à perspectiva de errância e nomadismo inscrita na história do povo judeu desde tempos imemoriais, atravessam também, como se verá, a história da psicanálise desde sua fundação em Viena até o exílio de seu fundador em Londres.

Promessas e conquistas: uma profecia no parque

O primeiro êxodo na vida de Freud decorreu de circunstâncias econômicas dramáticas que se abateram sobre os negócios de seu pai. Em meados do século XIX, o comerciante Jakob Freud deixou, com sua mulher Amalie e filhos, a pequena cidade de Freiberg e transferiu-se para Viena, berço da modernidade segundo alguns historiadores que estudaram as transformações históricas e culturais desta capital na virada do século.[2] Chegando a Viena, depois de passar um curto período em Leipzig, os Freud foram morar no tradicional bairro judeu de Leopoldstat que, naquela ocasião, acolhia a quase totalidade dos migrantes judeus do Império Austro-Húngaro, a ponto de estar prestes a se tornar um novo gueto.[3] Originários dos guetos da Galícia Oriental, quando se instalaram em Viena os pais de Freud passaram a integrar a população dos *Ostjuden*, judeus orientais que, em sua maioria, seguiam a ortodoxia judaica e comunicavam-se entre si geralmente em ídiche, a língua errante,[4] que se escreve em caracteres hebraicos, embora a maioria de seus vocábulos seja de origem alemã.

O ídiche teve origem por volta do século X na Lotaríngia e sua evolução foi profundamente marcada por sua qualidade de língua de fusão: foram-lhe incorporados elementos de diversas línguas, como o hebraico, o Laaz, língua românica hebraizada da Lotaríngia, o médio alto alemão, bem como várias línguas eslavas. O caráter extremamente híbrido do ídiche fica evidenciado no seguinte exemplo proposto por Max Weinreich: "*Nokkn bentshn hot der zeyde gekoyfte a seyfer*" é uma frase em ídiche que significa: "Após a bênção que se seguiu à refeição, o avô comprou um livro religioso." Nesta simples frase, a palavra *seyfer* vem do hebraico, a palavra *bentshn,* vem do românico, as palavras *nokkn, hot, der, gekoyft,* são de origem germânica; finalmente, *zeyde* é uma palavra eslava.[5] Os primeiros falantes do ídiche, vindos principalmente da Itália e de países românicos, estabeleceram-se nas áreas fronteriças franco-germânicas. Com as perseguições sofridas pelos judeus nessas áreas durante a Idade Média, migraram em massa para o leste da Europa, levando consigo a língua errante.

Os *Ostjuden,* de hábitos extremamente conservadores, além de serem pobres, exerciam ofícios menos apreciados socialmente: por tudo isso eram marginalizados pelos judeus de fala alemã.[6] É provável que Jakob e Amalie tenham sofrido alguma discriminação ao se instalarem na parte proletária e miserável do bairro judeu, onde havia uma concentração maior de judeus orientais. Nesse contexto, Freud cresceu entre seus pais e irmãos até 1875, quando todos se mudaram para um local mais confortável.

Não se sabe em que ocasião, nem como, os pais de Freud abandonaram a ortodoxia da religião judaica. É certo, como evidencia o "episódio do gorro-na-lama" relatado por Freud em *A interpretação dos sonhos* (1900), que Jakob Freud, pelo menos quando jovem, era um judeu devoto: vestia-se aos sábados, segundo sua própria descrição, de acordo com os mandamentos religiosos.[7] Quando chegou a Viena, trazia consigo o *Tanakh** (Bíblia hebraica) da família, com o qual introduziu os filhos na leitura da história do povo judeu.[8] Sabe-se que Jakob Freud continuou a ler o Livro dos livros até o final da vida e que também conservou o hábito de escrever no idioma sagrado. Vindo de um meio hassídico*, Jakob Freud proporcionou, na medida de suas possibilidades e de seu tempo, uma educação judaica ao mais dotado de seus filhos. Durante o Gymnasium, Freud estudou paralelamente o *Tanakh* e adquiriu noções de hebraico com o Professor Samuel Hammerschlag, de quem mais tarde tornou-se amigo pessoal. A gratidão que o aluno guardava por seu mestre mereceu um pequeno e singelo escrito no qual o mestre de Viena reconheceu que Hammerschlag tinha o dom de transmitir a história dos judeus sem submetê-la às limitações nacionalistas e dogmáticas.[9] E assim, quando Freud, numa carta a Dwossis, escreve que seu pai deixara-o crescer "em plena ignorância de tudo o que se referia ao judaísmo",[10] é forçoso supor que ele queria dizer com isso, sobretudo, que não tivera familiaridade com as dimensões religiosa, ritualística e mística do judaísmo em sua formação.

Por sua vez, Amalie Freud encarregou-se da transmissão do judaísmo a seus filhos pela tradição oral: fala e comida. Organizava todas as festas religiosas, nas quais a comemoração das passagens da história do povo hebreu está intimamente ligada ao preparo de refeições especiais, como de resto em qualquer outra religião. Amalie comunicava-se com os filhos apenas em ídiche,[11] também chamado pelos judeus de *mame loschen*, língua materna. O pequeno Sigismund[12] aprendeu a exprimir muito de suas alegrias pessoais nesta língua. Mais tarde passou a colecionar um imenso repertório de chistes judaicos, que geralmente eram contados em ídiche, conforme o testemunho de uma de suas cartas a Fliess, na qual compara-se a si mesmo e ao amigo a dois *schnorrers* (mendigos em ídiche): "Devo admitir que iniciei, recentemente, uma coleção de histórias judaicas profundas."[13] Em *Os chistes e sua relação com o inconsciente* (1905), percebe-se que Freud está extremamente familiarizado com uma ética judaica em relação à vida, bem como com o manejo corrente do ídiche como meio de comunicação verbal intragrupal. O conhecimento do humor judaico não requer nenhuma adesão ao judaísmo em qualquer sentido organizado, e esse humor pode ser considerado um veículo de expressão para os sentimentos de solidariedade daqueles que mantiveram um sentido de pertencimento, sem filiação religiosa ou nacional.[14]

No *Witz*, no chiste, Freud encontrou uma vocação particular do povo judeu, que é a de produzir chistes sobre si mesmo, a qual lhe forneceu alguns instrumentos para evidenciar a impossibilidade da univocidade de vozes: ele serve-se do humor judaico para assinalar a função poética da linguagem e a polifonia de vozes de um texto sem anterioridade e sem verdades únicas. O interesse científico do descobridor do método analítico pelo *Witz* decorre de que ele entende essa modalidade de expressão como uma formação do inconsciente. O substantivo *Witz* remete a w*issen*, verbo alemão que significa *saber*, e Freud descobre que no chiste, assim como no sonho e no sintoma, há um tipo de pensamento, excluído da consciência, que não corresponde aos critérios imaginários e qualitativos (coerência, terceiro excluído, negação etc.) do pensamento que sempre pautou a tradição científica.

Observa-se que alguns autores fazem notar a importância do texto de Freud sobre os chistes para a questão das identificações. Jean Florence demonstra que o efeito do *Witz* "é realizar como um relâmpago, uma identificação inconsciente dos sujeitos em ressonância".[15] O *Witz*, considerado pelo próprio Freud como a mais social de nossas atividades psíquicas – ao contrário do sonho ou do sintoma neurótico cujas realizações se dão no plano da fantasia –, efetua uma troca simbólica, que transforma uma dada situação dolorosa em ganho de prazer. Lacoue-Labarthe e Jean-Luc Nancy sugerem que o *Witz* apresentou-se para Freud como um modelo de identificação coletiva e que o povo judeu forneceu-lhe um primeiro paradigma de tal processo.[16]

Voltando à questão da transmissão do judaísmo a Freud, ainda que Jakob e Amalie tenham deixado para trás a prática religiosa ortodoxa e aderido de algum modo aos ideais iluministas que grassavam pela Europa, não se furtaram a observar o ritual milenar judaico da circuncisão quando Sigmund chegou ao mundo. Uma semana após seu nascimento, no dia 13 de maio de 1856, ele foi circuncidado e seu pai registrou o fato na Bíblia da família, assinalando o ingresso do recém-nascido na comunidade judaica. Revela-se, desta forma, o desejo dos Freud de perpetuar em sua família, apesar da chegada da modernidade e da emancipação dos judeus, a transmissão da lei e da história do povo judeu.

O rito da circuncisão remonta ao livro do Gênesis, mas não é exclusivo dos judeus, pois os mulçumanos também o praticam, como o faziam os egípcios do tempo dos faraós, e é preciso dizer algo sobre sua função simbólica na comunidade judaica. Sinal de identidade e de diferença,[17] a circuncisão simboliza um elemento da genealogia do judaísmo como religião e grupo étnico particular. Segundo Daniel Boyarin, o ritual físico de marcar o órgão sexual masculino da reprodução "representa a afirmação genealógica de uma memória histórica concreta como elemento constituinte de Israel."[18] O *Brit-Mila**, *o pacto da circuncisão,* exerce, como todos os outros pactos bíblicos, a função de separação, pois trata-se de um corte que marca a ausência ou a privação como produtora de sentido. Prática privadora, escultura sobre o corpo, a circuncisão é uma escrita cuja função equivale a um documento indutor de transmissão,[19] lugar de conhecimento dos efeitos do poder simbólico. Ela recorda que o homem não é apenas filho da carne, mas também do simbólico: é como se fosse um segundo nascimento, que retira a criança do mundo natural.

Quando se lê a correspondência de Freud com Eduard Silberstein, seu grande amigo da adolescência, com quem criou a Academia Castellana e uma mitologia secreta tomada de empréstimo a Cervantes, vê-se como Freud absorveu, de forma absolutamente singular e própria, alguns dos significantes da cultura judaica que lhe foram transmitidos. Em uma carta bastante chistosa, na qual faz considerações humorísticas sobre os rituais gastronômicos das festas religiosas judaicas, deixa transparecer que, em sua casa, o Ano-Novo judaico, o *Yom Kipur* (Dia do Perdão), o *Pessach* (Páscoa judaica) e o *Purim* (Festa de Libertação)[20] eram datas que não deixavam de ser comemoradas. É delicioso, como um prato bem preparado, ler que, para o descobridor da sexualidade oral, a "Páscoa causa prisão de ventre através do pão ázimo e dos ovos duros. O Yom Kipur é um dos dias mais funestos, não tanto pela ira de Deus, como devido à pasta de ameixa ... Há muito tempo as nossas festas vêm sobrevivendo ao nosso dogmatismo, como a refeição fúnebre que se oferece depois de enterrar o morto. ... Assim, pois, comemos nos dias de sol e nos feriados, mas com uma diferença: enquanto os piedosos acham que praticaram uma boa obra, nós, experimentados filhos deste mundo, estamos conscientes de que comemos um bom prato."[21]

Esse conhecimento vivo e penetrante das comemorações judaicas, adquirido, provavelmente, através do ritual e da narrativa das histórias do povo judeu durante as festas, não se choca com as declarações de Freud quando ele afirma sua ignorância da língua sagrada (o hebraico) e se queixa da falta de uma cultura aprofundada em matéria de religião judaica.[22] Sabe-se que as modalidades básicas da continuidade de uma tradição cultural e religiosa envolvem a transmissão de um vivido, independentemente de comunicação direta e educação. Por exemplo: calara fundo no pequeno Sigismund a lição materna: "Somos feitos de terra e portanto à terra temos que retornar." Amalie Freud, percebendo a dificuldade do filho em aceitar o que ela tentava transmitir, retirou das próprias mãos algumas escamas de pele, como amostra de terra, para melhor demonstrar, ao futuro descobridor da psicanálise, o ensinamento bíblico: "Tu és pó e ao pó retornarás" (Gênesis, 3; 19). Estupefato diante daquela encenação, o menino acabou por se resignar ao destino da condição humana e, mais tarde, revelaria em *A interpretação dos sonhos* que aprendera, muito cedo, com a mãe algo sobre o caráter inelutável da morte.[23]

Apesar da educação de Freud ter sido laica, ele foi um homem profundamente familiarizado com a ética e a *Weltanschauung* judaicas. Nota-se, numa carta de amor que escreveu a Martha Bernays, sua futura mulher, que ele não precisou do saber aprendido nos bancos de uma escola judaica ou de uma sinagoga para chegar a formular sua convicção de que: "Ainda que o modo de viver em que os antigos judeus se sentiam felizes já não proporcione proteção, algo do núcleo, da essência desse judaísmo cheio de sentido e de vontade de viver não estará ausente do nosso lar."[24] Tal promessa parece indicadora de que Freud não apenas reconhecia seu pertencimento ao povo judeu, como também prezava algo no judaísmo totalmente independente da religião de seus ancestrais e de qualquer identidade nacional. Nessas linhas escritas a Martha, observa-se, que, apesar da obediência às regras e leis da religião judaica não fazer mais sentido em sua vida, Freud alimentava o desejo de criar e sustentar uma modalidade própria e subjetiva de transmissão do judaísmo, para além de qualquer religiosidade.

Ter nascido na Diáspora de língua alemã na metade do século XIX, época em que quase todos os aspectos da vida social e das idéias sofriam transformações, de uma maneira ou de outra serviu de esteio à "profecia" que um poeta ambulante vienense certa vez havia feito, num parque de Viena, sobre o primogênito de Amalie e Jakob Freud: algum dia, provavelmente, o pequeno Sigismud se tornaria ministro.[25] Tal previsão era viável porque, na ocasião, já vigorava plenamente a emancipação dos judeus: após a abertura dos guetos e a aquisição do direito à cidadania nos diversos movimentos e correntes políticas, intelectuais e artísticas da Europa. O movimento de emancipação foi conseqüência da aceitação generalizada de idéias iluministas, cuja expressão política maior, o liberalismo, trouxe a possibilidade de a comunidade judaica abandonar os guetos e os *shtetlech**.

Na Áustria, o movimento chegou com atraso em relação à maioria dos outros países europeus: apenas em 1848 os judeus foram agraciados com a completa emancipação, que, por sinal, lhes seria retirada por um novo período logo depois. Só com o triunfo do liberalismo político, em 1867, beneficiaram-se os judeus da plena igualdade de direitos civis. Mas alcançar o registro de cidadão e aderir com entusiasmo às mudanças propostas pelo movimento de emancipação não foi um processo que se deu linearmente e sem sacrifícios. Os judeus tiveram que enfrentar uma forte resistência da cultura liberal germânica, que continuava a estigmatizá-los a partir de uma série de preconceitos instalados no imaginário do Ocidente desde a Idade Média.

Quando se examina a produção da maior parte dos escritores de língua alemã do século passado, conforme observa Steven Beller em *Viena e os judeus*, percebe-se como estes contribuíram para que a imagem do judeu permanecesse tal como havia sido plasmada pelo Santo Ofício na Idade Média européia: degradada, suja e portadora da peste. O ideal era que os novos cidadãos pudessem abandonar qualquer traço de identidade judaica para tornarem-se "bons judeus", isto é, judeus germanizados. Tais idéias carreavam o preconceito de que o judeu precisava ser humanizado ou curado, inspirado igualmente em idéias, ditas científicas, sobre a "degenerescência" do judeu. Na verdade, tal ideologia dos judeus como raça atravessava quase que a Europa inteira. Jean-Martin Charcot, com quem Freud estudou em Paris no início da década de 1890, pode ser considerado como um de seus representantes. Ele afirmava que "todas as espécies de doenças nervosas são incomparavelmente mais freqüentes entre os judeus".[26]

Em *Freud, raça e sexos*, Sander Gilman examina com minúcia a ciência biológica na virada do século XIX para o século XX e encontra, em suas pesquisas, um cientificismo marcado por forte componente racial, que atribuía ao judeu o rótulo de inferioridade e de doença. Uma parte central da reflexão desse historiador é consagrada à pesquisa do imaginário europeu de então, que insistia em apresentar os judeus como "raça" de seres intrinsecamente patológicos, sexualmente degenerados e ligados por vínculos especiais à sífilis, à insanidade e a certos tipos de câncer. O discurso sobre as raças[27] por parte da ciência da época de Freud é de máxima relevância nas conclusões de Gilman, que procura responder à espinhosa questão da judaicidade da psicanálise partindo de aspectos históricos e conceituais determinantes. Segundo Gilman, a "degenerescência" dos judeus, fato incontestado na maior parte dos manuais de psiquiatria, era relacionada ao tema do corpo do judeu e a seu significado (na abordagem da circuncisão). Partindo de aspectos históricos culturais determinantes, Gilman sustenta que "a forma tomada pelo sexual na argumentação de Freud e a retórica usada eram conformadas por vários fatores, inclusive o discurso sobre a anatomia sexual e a identidade sexual judaicas".[28] As teses de Gilman serão retomadas no capítulo III, quando for abordada a relação estreita que se estabeleceu na modernidade vienense entre a figura do judeu e da mulher. Por ora basta dizer que as pesquisas desse autor esclarecem de que forma, na Áustria de Freud, o judeu se tornou uma categoria de exclusão: definia o que o ariano *não* era.

Apesar de todas as dificuldades e desencantos para com o movimento de emancipação, por volta do fim do século XIX a cultura judaico-alemã, foi considerada por muitos como uma nova idade de ouro do mundo ocidental. Em contraposição à falta de expressão participativa dos judeus em cargos políticos e posições de destaque na administração pública, na esfera da

espiritual e cultural da comunidade". Os talmudistas desenvolveram uma prática singular, de leitura-escritura infinita do Texto, como se verá amplamente no capítulo V deste livro, onde o dizer e a escrita são tomados como algo a ser dito e escrito de vários modos possíveis, sem que nenhum desses modos implique a exclusão do outro. O trabalho de retranscrição contínua da letra – que, em sua carnadura material e concreta de linguagem recria o mundo, como o sopro divino – fez da leitura-escritura não apenas a linha de força da cultura judaica, mas um modelo de transmissão. E foi o testemunho de transmissão que fez com que o *talmid chacham* viesse a encarnar o ideal segundo o qual todo judeu deve tornar-se um estudioso convicto e apaixonado pelas letras da Escritura.

"Ciência judaica": gênese de um preconceito

Na Idade Moderna os talmudistas foram progressivamente desaparecendo em meio ao processo de assimilação e emancipação dos judeus, ao passo que a figura do intelectual, surgida com o movimento iluminista, ganhava destaque entre os judeus, cada vez mais profundamente assimilados e ainda amplamente marginalizados. O resultado foi o nascimento de uma inteligência *pária*,[36] anticonformista e revolucionária. Em meados do século XIX, a elite intelectual judaica começou a adotar uma posição *avant-gardiste* frente às questões do homem e da civilização, passando a constituir um grupo voltado para a inovação. Um intelectual judeu se fazia reconhecer pela afirmação do secularismo, embora, por vezes, as marcas da tradição religiosa pudessem ser detectadas em várias obras de pensadores e escritores judeus.[37]

De um modo geral, os efeitos do Iluminismo vieram a penetrar no seio da comunidade judaica através da *Haskalá**, com suas propostas de reformas dos costumes tradicionais e do dogmatismo religioso e seu esforço para viabilizar a compatibilização entre religião e saber leigo. Com o advento da emancipação, a lógica da assimilação cultural fez-se mais forte: a grande maioria dos judeus que foi para a universidade abandonou a tradição da leitura da Torá, voltando-se para estudos cosmopolitas. As famílias assimilavam-se a tal ponto que muitos perderam a referência à tradição, pelo menos conscientemente. Com essas rupturas, decerto sobrevieram muitas crises e muitas dificuldades de comunicação entre os judeus que prezavam a tradição e os que aspiravam à assimilação. De acordo com as conclusões de Jacques Le Rider em seu estudo sobre as principais figuras do outro na modernidade vienense, o povo judeu acabou precisando criar estratégias de restauração de seu próprio universo, marcado no final do século XIX, na Europa Central, pelas conquistas da emancipação, pelos progressos da assimilação e pelas feridas abertas após o surgimento do anti-semitismo e dos nacionalismos contemporâneos.

Afastada da ortodoxia, a *intelligentsia* judaica mergulhou, com o mesmo ardor com que seus antepassados liam os Livros Sagrados, nas referências culturais da literatura e da filosofia alemãs: Goethe, Schiller, Kant e Hegel. Nesse sentido, Albert Einstein, dizia que "os judeus acabavam por chegar às universidades parecendo que tinham levado mais de mil anos se preparando para o ingresso no templo do saber."[38] Filhos pródigos do judaísmo, quase todos romperam com a religião de seus pais e se tornaram, parafraseando Löwy, uma espécie de profeta desarmado, pois o livro e a caneta eram suas únicas armas.[39] O filósofo trotskista Isaac Deutscher, que até certa época de sua juventude havia sido um talmudista, ressaltou no ensaio "O judeu não-judeu" que, durante algumas gerações, os intelectuais de origem judaica partilhavam um profundo desprezo por idéias nacionalistas ou religiosamente limitadas. Por isso batizou todos aqueles que, iconoclastas e agnósticos, viviam nas fronteiras, à margem do comum e voltados para o universal, de "judeu não-judeu".

Sem dúvida a tradição e experiência culturais deram suporte à conquista que os judeus empreenderam no novo mundo que se abria. Mas em contraste com o estudioso da Torá, que contava com o reconhecimento imediato de sua comunidade, o intelectual judeu na modernidade teve de buscar trabalho fora do gueto, num espaço onde os critérios de aceitação e consideração eram bem diversos. Na sociedade européia, a própria organização social exigia um esforço maior de todos para a ascensão social, e os novos cidadãos viram-se obrigados a participar de uma estrutura competitiva diferente e a se confrontar com uma luta política inevitável.[40] Era sempre mais difícil para um judeu conseguir ser ouvido e respeitado numa sociedade que, apesar de lhe haver concedido o direito de cidadania, persistia em tratá-lo como estrangeiro independentemente de haver ele nascido e crescido em solo nacional. Como exemplo, basta lembrar que Freud precisou esperar 17 anos para ser nomeado professor da Faculdade de Medicina de Viena. Na Áustria de então, a regra, dita do *numerus clausus*, limitava os professores judeus a 2% do total de professores universitários.

Para os judeus da Alemanha e da Áustria aqueles foram anos muito difíceis, em que a sombra do anti-semitismo latente obscurecia as novas perspectivas abertas pelas Luzes, obrigando-os a perceber, conforme escreveu Arendt, "quão enganosa era a promessa de igualdade que a assimilação fizera cintilar"[41]. Para ilustrar essa análise da autora, nada melhor do que as palavras do poeta alemão de origem judaica Heinrich Heine: dizia ele que o ato de converter-se ao cristianismo era o "bilhete de entrada na cultura européia".[42] O aforismo de Heine expressa, com justeza, o modo como o judeu continuava a ser discriminado, apesar das responsabilidades sociais que teve de assumir a partir dos primeiros editos de emancipação. O fato é que, no seio da sociedade alemã ou austríaca, a questão da judeidade para os intelectuais judeus de língua alemã era, de fato, onipresente, conforme Arendt afirmou a respeito da personagem-título de seu livro *Rachel Varhagen*.

E, nesse mesmo sentido, de novo o testemunho de Einstein é exemplar: chegando a Berlim, em 1929, para dar seqüência às suas pesquisas, chocado com a propaganda nazista, declarou: "Descobri pela primeira vez que era judeu, e devo esta descoberta muito mais aos não-judeus do que [propriamente] aos judeus."[43] Sem dúvida estas são palavras que resumem um dos impasses do problemático processo de assimilação e emancipação: mesmo quando um judeu não se considerava como tal e ainda que se sentisse totalmente identificado com a cultura européia, era-lhe difícil escapar das questões colocadas pelo acaso de seu nascimento.

Como enfatizou Enzo Travarso em seu estudo sobre os intelectuais judeus e a cultura alemã, durante algumas gerações e independentemente das escolhas destes homens, religiosos ou ateus, sionistas ou internacionalistas, todos estavam divididos entre a assimilação cultural e uma espécie de gueto social de fronteiras invisíveis que os obrigavam a repensar o "ser-judeu". Esta reflexão em nenhum momento esteve dissociada da elaboração de suas obras, que terminaram impregnando toda a cultura da capital austríaca. Mesmo se a maior parte dos autores judeus não pensava suas produções inseridas no plano da vivência real e histórica dos judeus, o outro encarregava-se de fazê-lo. Derrida, logo no início de seu *Mal d'archive*, afirma que a psicanálise foi recebida pelo universo intelectual e político de Viena como uma "ciência judaica".

Na longa e dolorosa história social de assimilação e emancipação dos intelectuais judeus de língua alemã, diferentes posições foram tomadas em relação ao interminável movimento de tradução da marca que cada um deles carregava. Se para alguns ser o outro diante da maioria era negativo, para Freud o fato de pertencer ao povo judeu fora vivido em sua mais tenra idade como um fator positivo, uma promessa de um futuro glorioso. Ele nos conta, em *A interpretação dos sonhos*, que, na época do governo liberal de Viena que estabeleceu a Constituição Austríaca de 1867, toda criança judia estudiosa carregava uma carteira ministerial em sua pasta de estudante. Guardava, portanto, uma esperança, quase utópica, de poder nadar na contracorrente de um anti-semitismo latente e lançar-se na construção de uma nova "terra prometida".

E mesmo quando tomado pela dor e pelo espanto diante das investidas anti-semitas – "a universidade na qual ingressei em 1873 trouxe-me inicialmente sensíveis decepções. Sobretudo doeu-me a insinuação de que deveria sentir-me inferior e estrangeiro pelo fato de ser judeu" –, Freud jamais se deixou intimidar: decidiu enfrentar as ofensas e desvantagens impostas pela sociedade européia afirmando positivamente sua condição de judeu: "Nunca concebi que deveria envergonhar-me da minha origem, ou, como se começava a dizer, da minha raça; e renunciei sem muito lamentar à nacionalidade que me era recusada. Acreditava que, mesmo sem essa afiliação, haveria, nos marcos da humanidade, um lugarzinho para um zeloso trabalhador científico."[44]

Conforme dá a conhecer, foi nessa ocasião que, face às discriminações sofridas, Freud aprendeu a viver em "oposição à maioria compacta", e, com isso, pôde afirmar que "preparava-se em mim certa independência de juízo". O isolamento acabou por reforçar, no estudante Freud, o exercício de pensar por si próprio, que, já o disse Arendt, é de fato aquilo que dá ao sujeito a possibilidade de despir-se de preconceitos e de libertar-se dos objetos e de sua realidade.[45] Esta foi a prática de Freud naqueles anos difíceis da universidade, quando se viu frente a frente com o anti-semitismo. Mais tarde, quando enfrentou dificuldades para lecionar na Universidade de Viena por razões ideológicas e políticas, experimentaria de novo aquilo que denominou de *splendid isolation*: as vantagens e os encantos da solidão.

* * *

Nessa "bela época de heroísmo – Robinson Crusoe – em minha ilha deserta",[46] como o próprio Freud escreveu, levou ele uma vida dedicada a desvencilhar-se das influências de pensamentos já constituídos e a trabalhar em torno da pesquisa do que se opunha ao tratamento psicanalítico. Ao debruçar-se sobre a psicanálise que para ele não era, sob hipótese alguma, "nem judia, nem católica, nem pagã",[47] Freud entendia que toda ciência deve transcender a qualquer identidade nacional: "... não deveriam existir ciência ariana e ciência judaica particular. Esses resultados deveriam ser idênticos, apenas a apresentação poderia variar. ... Se as diferenças se estendem à interpretação dos dados objetivos da ciência, é porque alguma coisa não vai bem."[48]

A psicanálise não é, portanto, de ninguém, o que não quer dizer que não possa ter as marcas de outros saberes. Mas a rigor deverá estar em qualquer lugar e, ao mesmo tempo, buscar no exílio sua cidadania. Freud procurava conferir uma mobilidade à psicanálise de tal modo que ela pudesse transportar-se, bem como a seus conceitos, para outros campos do saber. Preocupava-se com manter sua descoberta como uma causa errante, ao mesmo tempo em que estabelecia sua relação de proximidade com os outros campos, para não condená-la à clausura.

Uma série de questões se impõe: de que forma lutou Freud para singularizar-se e fazer com que a psicanálise pudesse ser reconhecida, e não hostilizada, por judeus e não-judeus? Quais teriam sido suas estratégias diante dos inúmeros obstáculos e resistências que se interpuseram desde o nascimento de sua descoberta? Quais os meios pelos quais assumiu posição diante do choque que esta causou na tradição judaica e na ciência ocidental? Como se preparou para combater o inimigo em presença?

De uma maneira mais geral, pode-se afirmar que, no caminho inverso ao da massa, Freud sempre procurou subverter a ordem vigente de obediência estrita a uma única verdade para afirmar a potência plural do inconsciente. Terá sido de seu exílio interno – quando, por sinal, criou o conceito de pulsão, condição do inconsciente – que Freud pôde também retirar forças para afirmar a singularidade judaica, questão que remonta pelo menos à queda de Jerusalém, séculos antes dele nascer?

Fazer das dificuldades uma vantagem, um meio que pudesse permitir-lhe triunfar sobre o sofrimento que, historicamente, o outro impõe ao judeu, foi a recomendação que Freud deu a Max Graff, pai do Pequeno Hans, na ocasião em que este lhe perguntou sobre a possibilidade de batizar o filho para protegê-lo do anti-semitismo: "Se não deixar seu filho crescer como judeu, vai privá-lo dessas fontes de energia que não podem ser substituídas por nada. Ele terá que combater como um judeu, e o senhor deve desenvolver nele toda a energia de que precisará para esse combate. Não o prive dessa vantagem."[49]

Pode-se observar uma homologia entre esta prescrição e a recomendação que Freud faz aos analistas, ao longo de sua obra, de lutarem, a começar neles mesmos, contra toda e qualquer resistência ao processo analítico. Em seu seminário sobre *Os escritos técnicos de Freud*, Jacques Lacan ressalta a amplitude do conceito de resistência e sua relação com o tratamento analítico, destacando, justamente, o sentido freudiano do termo e sua relação com a atividade do analista : "Foi em *A interpretação dos sonhos* que Freud deu a primeira definição, em função da análise, da noção de resistência, capítulo sete, primeira seção. Temos uma frase decisiva que é esta: ... *Tudo que destrói, suspende/ altera/ a continuação do trabalho* – não se trata aí de sintomas, trata-se do trabalho analítico, do tratamento, da *Behandlung*, como se diz que se trata um objeto que passa em certos processos – *Tudo que destrói a continuação do trabalho é uma resistência*".[50]

Mas desde seus *Estudos sobre a histeria*, Freud já impusera um estilo: para vencer a resistência, definida então como força contrária à recuperação das lembranças patogênicas, o analista deveria combatê-la com firmeza, uma vez que este era um meio de assegurar ao paciente o desvelamento do seu sintoma e contribuir para novas descobertas teórico-clínicas. Com efeito, depois de abandonar a hipnose e passar por uma breve tentativa da "técnica de pressão sobre a fronte", como meio de fazer o paciente associar e dar prosseguimento às investigações analíticas, Freud admitiu a existência da resistência enquanto uma força presente e permanente na análise. Conceituá-la e trazê-la para o seio do processo analítico significou postular um saber construído sobre e contra a própria resistência. Foi nesse momento que Freud também percebeu que todo analista teria de superar suas próprias resistências à escuta do discurso da Outra cena.

As primeiras intervenções sobre a resistência que contribuíram para que a psicanálise se tornasse um método simultâneo de tratamento e de pesquisa fizeram sobressair sua forma mais pregnante: a transferência. Designada como um fenômeno clínico tático, que surge no tratamento como esforço de envolvimento do analista por parte do analisando, a transferência representou para Freud, num primeiro momento, o grande obstáculo a seu método. Todavia, tratou de transformá-la no instrumento paradigmático da psicanálise, tornando-a sua grande aliada. Necessária, inevitável e extremamente perigosa no desenrolar do tratamento, a transferência ocupa um lugar ímpar no método analítico e com isso, a bem da verdade, diferencia-o de todos os outros. Quando Freud transformou esse obstáculo à análise em uma técnica da análise, pôde também dar liberdade de expressão ao sofrimento determinado pelas intensidades pulsionais do sujeito e garantir ao analista uma função específica.

Ao elaborar o conceito de resistência, Freud enfrentava duas grandes resistências alheias ao plano teórico-clínico: a resistência da cultura médica vigente diante de suas descobertas; a resistência de uma sociedade que se deixava empolgar pelo anti-semitismo militante e propagandístico com os conseqüentes obstáculos ao livre trânsito dos judeus nas instituições universitárias e congêneres. Lutar pelo reconhecimento da psicanálise e por um modo de ser judeu que ele próprio inventa, suportando por vezes descer aos infernos, como fizera um de seus heróis favoritos, Enéias, o fundador ancestral de Roma,[51] significava – nas palavras de que Freud fez uso para dar seu conselho ao pai do pequeno Hans – ter de suportar resistências, buscar "fontes de energia" internas para lhes dar "combate", aprender a encarar a resistência como "vantagem", ou melhor, aprender a tirar vantagem dela ao invés de deixar-se por ela abater. Em luta contra a exclusão, Freud afirmou sua judeidade sem fazer apelo a qualquer referência religiosa, procurando defini-la de um outro lugar, do mesmo em que combatia também as resistências dos pacientes ao tratamento e a resistência à afirmação da psicanálise como ciência, viesse essa resistência dos próprios analistas ou de fora.

No alvorecer do século XX, enquanto o judeu era encarado como de condição humana inferior, a psicanálise era tida na conta de subproduto da cultura de Viena, cidade em que os costumes eram demasiadamente flexíveis e liberais. Foi o próprio Freud que estabeleceu uma relação de identidade entre as duas críticas: "Acusarem-me de vienense é apenas um substituto eufemístico de outra acusação, que ninguém ousa fazer abertamente,"[52] ou seja, a de ser judeu. A verdade é que, ao considerarmos a história da psicanálise em seus primórdios, tal como contada pelo próprio Freud, como a história da resistência à idéia de que as pulsões sexuais não podem ser inteiramente domadas, ressalta nesta resistência uma modalidade de preconceito ancestral contra o sexo e contra o judeu. Santo Agostinho já fazia, no *Tractatus adversus Judaeos*, a seguinte acusação: "Considerai o Israel segundo a carne (1 Cor., 10:18). Este nós sabemos que é o Israel carnal; mas os judeus não compreendem este significado e, assim, tornam-se indiscutivelmente carnais."[53]

Roma-Canaã: sobre isolamento, tolerância e tenacidade

Neste ponto, pode-se dizer suscintamente: o universo social e histórico que definiu as condições de possibilidade da emergência do discurso analítico inclui o judeu e as vicissitudes de seu destino no Ocidente. Um olhar atento sobre *A interpretação dos sonhos*, onde Freud, recorrendo ao relato de sua própria produção onírica, ilustra suas indicações para a interpretação dos sonhos e confecciona metáforas, comparações e analogias acerca da alma humana, pode penetrar diretamente no caldeirão político em que viviam os judeus de Viena por ocasião do nascimento da psicanálise. Todas essas preocupações, de uma maneira ou de outra, aparecem em vários dos sonhos de Freud, sempre acompanhadas do firme propósito, do sonhador, de vencer em terra estrangeira: Os sonhos ditos romanos[54] são particularmente interessantes para este livro, pois desembocam numa lembrança infantil que permite desenvolver melhor algumas idéias. "Devia eu andar pelos meus dez ou doze anos quando meu pai começou a levar-me com ele em seus passeios e a transmitir-me, durante nossas conversas, suas opiniões sobre as coisas deste mundo. Assim foi que, para mostrar-me como eu nascera numa época bem melhor que a dele, me contou certa ocasião o seguinte: 'Certa feita quando eu era jovem na cidade onde você nasceu, saí à rua num sábado, bem vestido e com um gorro de pele novo. Surge um cristão e com um golpe joga o meu gorro na lama gritando: 'Judeu, desça da calçada!' – 'E o que você fez?' [perguntei]. 'Apanhei o meu gorro', disse meu pai com resignação. Isso não me pareceu heróico da parte daquele homem grande e forte que me levava, seu filho pequeno, pela mão."[55]

Dando seguimento ao comentário dessa lembrança infantil, associada aos quatro sonhos com a cidade de Roma, Freud conta não ter perdoado a resignação do pai diante da ofensa sofrida. Tomado por um desejo de desforra, jurou, no momento em que ouviu a narrativa do episódio, vingar-se algum dia. Na multidão de "leituras" de psicanalistas e mesmo de historiadores da cultura que querem explicar a psicanálise como produto do esforço de Freud para superar a humilhação sofrida por seu pai, fez-se muitas vezes a "psicanálise" do próprio Freud a partir deste episódio.[56] É verdade que, para o descobridor do sentido dos sonhos, conforme está dito no prefácio à segunda edição de *A interpretação dos sonhos,* tinha esta obra um significado subjetivo bastante acentuado e especial, pois liga-se ao episódio mais marcante de sua vida, a morte de seu pai. Com a morte do pai, Freud lançou-se definitivamente, com seus sonhos, sua "auto-análise" e sua correspondência com Fliess, à descoberta do inconsciente.

Talvez o reconhecimento por Freud do papel deste momento de sua vida no avanço de sua obra tenha dado asas à imaginação de muitos autores, que não escapam à tentação de psicanalisar o fundador da psicanálise. O que se há de tentar nas páginas a seguir – e apenas na medida do possível, porque, admite-se, é grande a dificuldade de não cair em tentação de psicanalisar a vida de Freud e seus sonhos – é rastrear as interpretações que ele fez de sua lembrança da "cena do gorro na lama" a partir da análise que fez de seus sonhos com Roma. Com isso, buscar-se-á, por um lado, salientar as estratégias mais evidentes de Freud para fazer-se reconhecer, e à psicanálise, num mundo hostil aos judeus, e, por outro, aprofundar a incursão já esboçada na história cultural dos judeus austríacos em torno de 1900 para pensar o efeito dessas circunstâncias sobre a subjetividade de Freud na construção dessas estratégias.

Roma, berço da civilização européia, é apenas vista de longe no primeiro de seus quatro sonhos que têm a Cidade Eterna como centro: "Sonhei, pois, que da janela do trem estou vendo o Tibre e a Ponte de Santo Ângelo; depois o trem se põe em movimento e logo me dou conta de que não pus os pés na cidade."[57] Freud sequer analisa este sonho, deixando o leitor diante de sua impossibilidade de pisar na cidade que almejava ardentemente e a imagem do Castelo.

Ao comentar este sonho em *A auto-análise de Freud,* Didier Anzieu faz notar que entre o Tibre e a Ponte de Santo Ângelo, encontra-se o Vaticano, o poder da Igreja Católica, que, na Idade Média, perseguia os judeus. Assim localizada, a Roma do primeiro sonho evocava a Freud o antijudaísmo do Ocidente, cujo começo, se não historicamente, prende-se simbolicamente à instalação do Santo Ofício. Freud, que conhecia profundamente a história da Igreja Católica e a patrística,[58] desenvolveu pela Cidade Eterna uma intensa ambivalência sem jamais ter escondido tal afeto. E quando, por ocasião de sua quinta viagem à Itália, realizou seu desejo de conhecer Roma, não conseguiu usufruir plenamente tão almejada conquista. Algo da ordem de um fantasma assombrava-o diante do berço da civilização greco-romana: "Embora ficasse total e inteiramente absorto na Antigüidade, verifiquei que não conseguia desfrutar livremente da segunda Roma [a medieval, cristã]."[59]

Mas o sonho, a metáfora e a arte são possibilidades de o homem "realizar" o impossível: em contraposição à temida e estranha Roma cristã, Freud construiu uma outra, familiar e desejada, e pôde realizar, em seu segundo sonho, o desejo de "ver de longe a Terra Prometida". "Em outra ocasião, alguém me conduz a uma colina e me aponta Roma parcialmente velada pela neblina, mas tão distante que me espanto com a nitidez da visão. O conteúdo deste sonho é mais rico do que eu poderia detalhar aqui. O motivo ver de longe a 'Terra Prometida' pode ser facilmente reconhecido nesse sonho."[60]

Abstendo-se de dar continuidade ao relato do conteúdo manifesto desse sonho, Freud reconheceu, prontamente, ter reativado seu imaginário bíblico para fazer acontecer o impossível. Contrariamente aos autores que insistem em ver nesse sonho apenas uma identificação de Freud com a figura bíblica de Moisés,[61] a quem YHVH fez subir ao monte Nebo para mostrar-lhe de longe a Terra Prometida, é bom lembrar que os conteúdos de um sonho situam-se para além das identificações imaginárias. Terá sido a fusão da cidade cristã com a Terra Prometida uma tentativa de Freud de colocar numa relação de proximidade o que está dito como disjuntivo: penetrar na Cidade Eterna sem temer esquecer Jerusalém?

> Se eu de ti me esquecer, ó Jerusalém,
> que se resseque a minha mão direita,
> Apegue-se-me a língua ao meu palato
> se não me lembrar de ti,
> se não te alçar, Jerusalém,
> ao cúmulo da minha alegria! (Salmos, 137)

Freud expõe ao longo de sua obra um caleidoscópio infinito de expressões metafóricas, de comparações e analogias como expressão de um pensamento voltado à alteridade. Para além do espelho, o novo. Fundir cidades opostas e separadas no tempo e no espaço é realizar um desejo, conforme a teoria dos sonhos: desejo de pensar o inconcebível, o indizível e o invisível. O aparecimento deste significante *Roma-Canaã*,[62] efeito da lógica do sonho, é por si mesmo tão revelador que dispensa interpretações. O que fascina é que tal significante manifesta, como só as metáforas o fazem, a existência do inconsciente: um novo espaço, uma nova topografia da alma, onde coabitam todas as contradições e modos antitéticos de conhecimento. *Roma-Canaã* é o acontecimento que positiva o "e" no lugar do é.

A propósito: no inconsciente não se conjuga a "língua" do *não*. A língua do "País do Outro"[63] é análoga à que era falada pelos antigos semitas, que não estavam trabalhados, como nós, pela necessidade de abstração e de explicação, de síntese e de precisão, na análise conceitual do real, herança dos gregos. Em "A significação antitética das palavras primitivas", Freud chama atenção para essa singularidade das línguas semíticas, como o hebraico e o árabe, tomando tal particularidade como expressão paradigmática do modo pelo qual os sonhos tratam a categoria de contrários.

Um poeta sufi do século XIII, J. Al-Din Rumi, traduz a mesma lógica não-formal, não-aristotélica, não-cartesiana, não-ocidental, que não procede por distinções e exclusões:

> Se a imagem de nosso amado está no templo
> Então é um erro encantador andar em volta da caaba
> Se na caaba o seu perfume não está presente
> Então ela nada mais é do que uma sinagoga
> E se na sinagoga sentimos a fragrância da união com ele
> Então essa sinagoga é a nossa caaba.[64]

Para Rumi, não há oposição irredutível entre a caaba islâmica e a sinagoga: *caaba-sinagoga, Roma-Canaã.* No poema e no sonho, o inconcebível torna-se habitável.

Dentro dessa mesma lógica, Freud produz o terceiro sonho "romano". Se é fato que todos os caminhos levam a Roma, como diz o ditado, Freud escolheu aquele que lhe é mais familiar para tecê-lo: duas anedotas judaicas que encenam a realidade sociopolítica do judeu na modernidade são os restos diurnos subjacentes. "Percebo um Sr. Zucker (açúcar) e decido perguntar a ele o caminho da cidade",[65] porque a Cidade Eterna encontra-se invisível.

Zucker é um judeu malsucedido, um *schlemiel**, que tenta viajar sem a passagem no expresso para Carlsbad, estação balneária para onde os médicos, no início do século, enviavam os portadores de diabetes. Mas a tentativa do clandestino é imediatamente frustrada: o trocador, na primeira parada, o enxota do trem a pontapés. Esse calvário se repete por várias vezes quase que cotidianamente, pois ele não desiste do objetivo de chegar àquela cidade. Um dia, numa das estações em que é despejado, encontra um conhecido que, surpreso por vê-lo ali naquele estado, pergunta sobre seu destino. Cansado e ofegante, ele dá ao interlocutor uma resposta surpreendente: "Se minha constituição me permitir, a Carlsbad." Ou seja: mesmo diante das adversidades da modernidade, o judeu, que já não pode mais voltar para o gueto e ambiciona conquistar um novo espaço nas cidades do Ocidente, conta apenas com a capacidade em transformar os obstáculos à sua emancipação em instrumento de combate.

A complexidade da presença do judeu num espaço que se constituía, a um só tempo, "fora-dentro" da nação hospedeira é ressaltada neste *Witz*: emancipado, mas exilado no cotidiano europeu, o judeu vivia entre a ruptura com a tradição e o desejo de conhecer o desconhecido da cidade, de penetrar a invisibilidade de Roma. O sentido que aqui se confere a esse chiste, que representa primorosamente as vicissitudes do destino do judeu no século XIX, encerra uma certa analogia com a significação que Freud atribuiu a seus sonhos: o desejo de ir a Roma encobria desejos diversos, para cuja realização era sempre preciso combater com muita tenacidade e resistência.[66]

O outro chiste que participa da formação do terceiro sonho também conta as aventuras da figura do *schlemiel*: ao emigrar para Paris, um judeu que não dominava a língua francesa é aconselhado por um amigo malicioso a perguntar como se chega à famosa rua Richelieu. A graça do chiste está em que, não existindo o som "*ieu*" no ídiche, ao pronunciar "*Richeliê*", o "pobre judeu" denunciaria imediatamente sua origem judaica em terra estrangeira. Sem perceber a malícia do amigo, o protagonista, já nas ruas da capital francesa, endereça a pergunta a um passante que, embora parecesse um francês comum, era na verdade um patrício bem-sucedido. Numa excelente pronúncia, este indica o caminho daquela rua. Mas o *schlemiel* percebe um certo sotaque em seu interlocutor e, demonstrando sua indignação diante do que considerou uma impostura, replica em ídiche: "Tu e eu sabemos o que é preciso para a preparação ritual do Shabat, pois ambos somos judeus."[67]

Se a primeira anedota fala das mentiras da emancipação e das dificuldades de assimilação dos judeus contemporâneos, evocando a tenacidade como a qualidade ideal para os judeus em sua luta contra as resistências que se opunham à emancipação, a segunda, sem nenhuma condescendência, retrata a crise interna entre os próprios judeus, que vigorava naquela época de mudanças. Apesar da noção de povo eleito impor, conforme as agudas observações de Jacó Guinsburg em *Aventuras de uma língua errante*, aos descendentes de Abraão igualdade de todos perante a lei, isso não impedia que crises fossem estabelecidas no seio da comunidade. A riqueza de alguns e o poder de conhecimento dos Livros, concedia a seus detentores vantagens efetivas. Mas, diante do inimigo comum, o anti-semitismo, ricos e pobres, sábios e incultos eram gradativamente lançados no mesmo destino. Tanto o primeiro quanto o segundo *Witz* condensam, sem dúvida, a idéia de que o judeu não escapa à sua própria marca. Aqui, parecem ressoar versículos bíblicos: "E o sol raiou sobre Jacó quando ele deixava Peniel, mancando por causa de seu quadril ferido no combate com o anjo" (Gênesis, 32:31 e 32).

Esconder essa marca, ou pura e simplesmente seguir o caminho de seus pais, não foi a escolha de Freud. Sua fidelidade ao judaísmo, a que se terá a oportunidade de voltar várias vezes neste livro, foi parte integrante e estruturante de uma judeidade praticada "fora-dentro" da herança cultural de seus antepassados. Com efeito, Freud viveu e produziu de acordo com a idéia de que ser judeu não é essência, mas movimento, *a priori*, errância. Caminhar incessantemente, em seu pensamento, em sua clínica, em sua vida, sem repouso e sem medir distâncias. Passar de Jerusalém à Acrópole e a Roma, sair de Viena para Paris ou para Berlim, foi o seu modo de exercer essa errância e ultrapassar as resistências do Ocidente contra o judeu e a psicanálise. Paris também ocupou o lugar de objeto do desejo nas fantasias do mestre de Viena. No final do século passado, lá chegou como o judeu do trem e o da anedota do sotaque ídiche: pobre, com muitas dificuldades, mas cheio de desejo de conquistar a Cidade das Luzes: "Paris foi durante anos a meta de minha nostalgia, e a felicidade com que nela pisei pela primeira vez fez com que a tomasse como fiadora de que haveria de alcançar também a realização de outros desejos."[68]

Ao pisar o solo parisiense, Freud foi buscar na rua Richelieu a fonte da riqueza: "Hoje caminhei ... afastando-me do Sena", escreveu a Martha. "Vi-me cercado pelo mais frenético tumulto parisiense até conseguir atravessá-lo ... até chegar aos conhecidos bulevares e à rua Richelieu."[69] Foi exatamente nesta mesma rua que ele encontrou a Biblioteca Nacional e a Comédie-Française. Em Paris, o jovem soube conquistar o apreço da intelectualidade, vencer os problemas da língua e tornar-se tradutor para o alemão de seu mestre Charcot.

É no quarto "sonho romano" que Freud recupera a lembrança do episódio sofrido por seu pai, quando este teve seu solidéu jogado na lama. Ele descreve que se vê andando pelas ruas de Roma e sente-se surpreso de ter à sua frente um grande número de cartazes e letreiros escritos em alemão. *Roma-Berlim* é o significante que, segundo o próprio Freud, revela o desejo de estar, com seu dileto amigo de Berlim, Wilhelm Fliess, na cidade de Roma. Freud havia confessado a esse amigo que a ansiedade profunda que nele despertava a cidade de Roma estava ligada à sua idolatria ginasiana por Aníbal, o herói semita,[70] uma idolatria que tinha raízes no horror que experimentara diante da resignação paterna aos insultos do outro. Afetado pelo que então considerou falta de heroísmo do pai, o menino contrapôs a esta uma outra cena, que responderia melhor a suas expectativas e sentimentos: "a cena em que o pai de Aníbal, Amílcar Barca, faz seu filho jurar diante de um altar doméstico vingar-se dos romanos."[71]

A história de Aníbal foi marcada por esse juramento, que o levou a tornar-se um grande guerreiro. Após o início de uma brilhante carreira, perdeu o poder militar, o que acarretou graves conseqüências para os seus: o irmão, Asdrúbal, foi morto pelos romanos, que se haviam reorganizado rapidamente após as batalhas perdidas para o exército de Aníbal. Quando o general cartaginês recuou para salvar Cartago ameaçada, percebeu a iminente derrota, terminando por suicidar-se. E assim o filho de Amílcar tornou-se um herói fracassado. Mas Freud o admirava: "Aníbal e Roma simbolizam a oposição entre a tenacidade do judaísmo e a organização da Igreja Católica." [72] Ou seja: o que Freud aprecia e admira em Aníbal, é sua oposição, enquanto sujeito desejante, à força repressora da organização.

É neste ponto de sua análise que Freud pergunta-se mais diretamente de que modo lutar para realizar o desejo de ir a Roma, contrapondo o guerreiro a uma outra figura. "Qual dos dois, Aníbal o guerreiro, ou Winckelmann, caminhou mais impacientemente de um lado para o outro em sua casa depois que concebeu o projeto de ir a Roma?"[73] Winckelmann, o arqueólogo e historiador das artes, terminou por converter-se ao catolicismo para ocupar o posto de bibliotecário do Papa: "É o amor pela ciência e apenas ele que pode me levar a considerar a proposição que me é feita",[74] argumentou Winckelmann ao tomar a decisão de abandonar a fé protestante. Ao contrário do arqueólogo, Freud diz "não" à solução da conversão. Sua luta para vencer os efeitos da discriminação que pesavam sobre si, por seu pertencimento marginal à cultura dominante, vai se desenrolar em outra ordem de acontecimentos. Em 1901, conquistou realmente a Roma de seus sonhos, como autor de *A interpretação dos sonhos*: sua Jerusalém deverá permanecer presente, mas invisível porque situada mais além do umbigo do sonho.

Entre-dois: antichauvinismo e alianças espirituais

É importante examinar, ainda que rapidamente, alguns pontos do processo de institucionalização da psicanálise ligados à questão judaica na cultura alemã.

A psicanálise nasceu no contexto da cultura judaica vienense – os primeiros membros do movimento eram todos judeus – e permaneceu limitada a esse grupo até a adesão do médico suíço Carl Gustav Jung em 1906 ao movimento psicanalítico. Segundo Elisabeth Roudinesco, a "horda selvagem", isto é, Freud e seus primeiros discípulos, testemunha, desde os seus primórdios, os impasses do destino judaico frente aos paradoxos de Viena.[75] À luz do que se desenvolveu aqui até agora, é necessário ter sempre em conta, quando se pensa a fundação do movimento psicanalítico, que os que pertenciam a esta horda, encontravam-se envolvidos num mesmo processo social que obrigava a cada um, ter que se pensar como judeu, positiva ou negativamente.

Mas Freud, que dizia ter para com sua descoberta atitudes de "um pai judeu, que [tem] a imperiosa necessidade de saber que está assegurado o futuro de seu filho",[76] logo instalou uma política antichauvinista, para evitar o perigo de tornar o inconsciente um refinado tema da cultura *fin-de-siècle* vienense ou um assunto nacional judeu e de confiná-lo a uma ou a outra espécie de gueto. Assim, todos os que aderiam à *causa* analítica ficavam, de imediato, comprometidos com desalojá-la de Viena e do gueto judaico. Nesse sentido, a insistência de Freud em colocar Jung à frente do movimento psicanalítico é exemplar, como se pode notar na correspondência que manteve com alguns de seus colegas. Em 3 de maio de 1908, em resposta à desconfiança que Abraham manifestava com relação a desvios teóricos de Jung, Freud lhe escreveu: "Seja tolerante e não se esqueça de que, para falar a verdade, é mais fácil para você do que para Jung seguir minhas idéias porque, em primeiro lugar, você é inteiramente independente, e também porque está mais próximo de minha constituição intelectual devido ao parentesco racial; ao passo que ele, como cristão e filho de pastor, só pode chegar até mim lutando contra grandes resistências interiores. Por isso sua adesão é muito valiosa. Eu quase diria que somente com o aparecimento dele a psicanálise escapou do perigo de tornar-se uma questão nacional judaica."[77] É interessante observar nesta carta que a política de expandir a psicanálise para fora do universo judaico não impede que Freud procure reforçar a aliança com os colegas judeus no que diz respeito a fatores intelectuais, culturais e afetivos. Essa tentativa de se manter próximo à comunidade judaica, importante que se registre, persistiu como forma de responder ao intolerável. Pode-se encontrá-la nessas palavras enviadas a Ferenczi quando do rompimento com o próprio Jung: "Você ouviu que Jung, na América, explicou que a psicanálise não era uma ciência, mas uma religião. Seja lá como for, isso explica toda a diferença. Mas o espírito judaico lamenta não poder participar neste ponto".[78]

Como se terá oportunidade de melhor compreender nos capítulos subseqüentes, para Freud o sentido das expressões "constituição mental" e "raça comum" e da palavra "espírito" são apenas recursos da retórica freudiana para dizer sobre alguma coisa que lhe escapava à análise: o "ser" judeu. Todavia, em algumas ocasiões, a título de fazer face à investida nazista de negar aos judeus qualquer subjetividade própria, Freud falou de um "caráter judaico" sem tentar definir uma caracterologia específica do judeu, tomando-o como enigma, ao mesmo tempo em que definia estratégias de combate contra qualquer designação imaginária do outro sobre o judeu.

Não há dúvidas de que, apesar de seu afastamento de todas as práticas religiosas, Freud, principalmente quando as investidas anti-semitas se propagavam pela Europa, afirmava-se judeu. Em 1926, tomado por uma terrível decepção, declarou: "Minha língua é alemã, minha cultura, meus vínculos são alemães. Eu me considerava intelectualmente um alemão até me aperceber do aumento crescente dos preconceitos anti-semitas na Alemanha e na Áustria. Desde então, não me considero mais um alemão." E continua, afirmando: "Prefiro denominar-me judeu."[79] Quanto à psicanálise, Freud chegou a escrever a Enrico Morselli, naquele mesmo ano, não ter certeza se ela era "um produto direto do espírito judaico; mas, se assim for – afirmou em seguida – não me envergonho. Embora há muito tempo tenha me separado da religião de meus pais, nunca perdi o sentimento de solidariedade para com o meu povo."[80] Ou seja, com a ascensão política totalitária do nacional-socialismo, Freud procurou expressar seu repúdio ao poder opressivo, reconhecendo sua pertença a uma minoria cuja existência real encontrava-se, então, ameaçada.

Pode-se considerar, a partir do recorte que se fez aqui, usando passagens distintas e momentos relativamente distantes, que seja possível tecer um retrato aproximado da posição de Freud frente à *intelligentsia* alemã e às resistências que esta opunha, concomitantemente ao judeu e à psicanálise. Se, como ele próprio revelou, quando menino, foi preso do horror ao constatar a resignação paterna diante dos insultos de uma cultura que exclui aquilo que não encontra lugar em suas representações identitárias ideais, foi este mesmo horror que o levou a procurar na tenacidade e na tolerância, que identificava como traços marcantes da história do povo judeu um caminho de ação e de prática.[81] Assim Freud, já adulto e mesmo depois de reconhecer ter suplantado o pai,[82] compreendeu e aceitou, no sentido mais profundo, a estratégia da tolerância paterna. Em 1908 escreveu ainda a Karl Abraham: "Abrigo a suspeita de que o anti-semitismo contido dos suíços, que também recai sobre mim, lança-se reforçado sobre você. Apenas penso que, como judeus, se quisermos participar de algo, temos que desenvolver um pouco de masoquismo, estar dispostos a permitir que nos façam alguma injustiça. De outra forma, é impossível conviver. Tenha certeza de que, se eu me chamasse Oberhuber, minhas inovações haveriam de ter encontrado menores resistências."[83]

Não haverá nessa carta a Abraham a expressão de uma lógica estratégica ("se quisermos participar de algo") em que a tolerância não é mero reconhecimento de humilhação ou tática de sobrevivência em tempos de guerra, mas penhor da possibilidade de afirmação e transmissão? Freud aprendera, em sua luta por fazer reconhecer e transmitir a psicanálise, a ouvir de outra forma o que o pai buscara transmitir-lhe com a narrativa do episódio do gorro: a "resignação", que inspirara ao menino de 12 anos sentimentos de humilhação e desejo de vingança, pôde mais tarde ser igualmente percebida como capacidade de resistência ("desenvolver um pouco de masoquismo", "permitir que nos façam alguma injustiça") à violência do isolamento social provinda do outro. Para impor sua descoberta a uma sociedade que o hostilizava, Freud manteve uma atitude solidária e inabalável em relação à questão judaica e, ao mesmo tempo, afirmava-se judeu de uma forma absolutamente subjetiva e singular. Nos capítulos seguintes, veremos como Freud desconstruiu os significados dados e convencionados no Ocidente, em particular o europeu, a "judeu" e a "judaísmo", para construir uma judeidade que tornava possível a invenção da psicanálise. E talvez esta seja uma das respostas à questão que o mestre de Viena endereçou ao pastor suíço Oskar Pfister: "Por que não foi a psicanálise criada por nenhum devoto? Por que teve ela de esperar que surgisse um judeu inteiramente ateu?"[84]

II.

Lendo Freud, a Psicanálise e o Judaísmo

É judeu quem é suficientemente
louco para admitir que é judeu.
Não está no sangue ou na língua.
Amós Oz

Nas últimas linhas de "As resistências à psicanálise", Freud fez certas observações que induzem à reflexão sobre os laços entre sua judeidade e a constituição da psicanálise. Enquanto fundador da psicanálise, pensava que o fato de não ter jamais desejado

> ocultar seu judaísmo tenha tido algo a ver com a antipatia de seus contemporâneos. Raras foram as vezes em que esse tipo de argumento foi expresso em voz alta. Mas infelizmente tornamo-nos tão receosos que não podemos deixar de conjecturar que esta circunstância não tenha sido de todo alheia. E, por outro lado, talvez não seja inteiramente obra do acaso que o primeiro defensor da psicanálise tenha sido um judeu. Acreditar nesta nova teoria exigia determinado grau de aptidão e aceitar uma situação de oposição solitária – situação com a qual ninguém está mais familiarizado do que um judeu.[1]

Observa-se na construção deste trecho que Freud, ao revelar a importância de ter sustentado sua condição de estrangeiro e as conseqüências desse ato sobre a psicanálise, não se limita a falar da solidão e da tenacidade que impregnam o *ethos* judaico, nem tampouco a assinalar os efeitos de sua judeidade sobre a posição que ele ocupou como desbravador de um novo saber. Faz, também, uma recomendação clínica, prescrevendo ao analista suportar a solidão dos que estão à margem, aceitar o isolamento dos excluídos e aprender com eles, sustentar a alteridade e marcar a diferença inassimilável. Mesmo quando tudo isto vem provocar hostilidade contra o tratamento, estas posições devem de ser mantidas, pois resumem a condição do analista e organizam seu lugar movente.

Durante muitos anos – "visto que a ciência oficial lançara um anátema solene contra a psicanálise"[2] – Freud enfrentou, no isolamento e na solidão, a oposição à sua descoberta. Evidentemente, pesavam também sobre esta escolha as dificuldades políticas que encontrou numa Áustria que vinha sendo tomada pelo anti-semitismo. Mas como ele próprio observou em "História do movimento psicanalítico", se por um lado a solidão lhe trouxe algumas desvantagens, por outro lhe valeu experimentar também a separação 'do mundo, a distinção necessária às grandes descobertas. Sabe-se que só há criação original quando o sujeito se exila do todo.

E a intuição de que estava prestes a se juntar àqueles que "perturbam o sono do mundo",[3] levou Freud a procurar outros pares, alheios ao campo da medicina. Sua esperança era encontrar, em outros campos, reconhecimento e receptividade às suas "descobertas desagradáveis". Ainda em 1895, ingressou no grupo de Viena da Sociedade B'nai B'rit (Filhos da Aliança), associação judaica de cunho cultural e filantrópico, ao estilo da maçonaria. Fundada em Nova York em 1934, assumia uma missão educativa e humanitária, definida nos termos da laicidade e cosmopolitismo e de fidelidade à tradição liberal. Em diversas ocasiões, e ao longo de muitos anos, Freud pronunciou conferências para os associados dessa instituição, tendo freqüentado regularmente suas reuniões quinzenais das terças-feiras, o que demonstra que jamais abriu mão do convívio com judeus leigos, liberais e com preocupações éticas. Pelo reconhecimento que sempre encontrou nessa sociedade, Freud enviou uma mensagem de gratidão a todos os seus membros, lida na reunião dedicada a comemorar seu aniversário de 70 anos. Chama atenção a proximidade no tempo entre este texto e o artigo "As resistências à psicanálise":

> ...a comunicação de minhas descobertas desagradáveis me fez perder quase todas as minhas relações humanas daquela época [1895]; senti-me desvalorizado e evitado por todos. Nessa solidão, despertou em mim o anseio de encontrar um círculo de homens de cultura multifacetada e visão elevada, que me acolhessem amistosamente apesar de minha temeridade. A sua Sociedade apresentou-se-me como o lugar onde encontraria tais homens. O fato de serem judeus só poderia parecer-me desejável, pois eu próprio o era, e sempre me pareceu não somente indigno como positivamente insensato negar esse fato. O que me ligava ao judaísmo não era nem a fé, nem mesmo o orgulho nacional; com efeito, sempre fui descrente, educado sem religião, mas não sem respeito pelas chamadas exigências "éticas" da cultura humana. ... Veio-me logo a intelecção de que devia precisamente à minha natureza judaica as duas qualidades que haviam se tornado para mim indispensáveis no difícil caminho que a vida abrira para mim. Por ser judeu, estava livre de muitos preconceitos que limitam outros no uso de sua inteligência; e como judeu, estava preparado para passar à oposição e renunciar ao acordo da "maioria compacta".[4]

Apesar de nesta mensagem referir-se a uma "natureza judaica", dando a entender, embora descrente, crer no "sangue", o que Freud fará na prática é demonstrar, em sua própria história, que "ser" judeu não depende, em hipótese alguma, do sangue ou da língua, conforme está enunciado na epígrafe deste capítulo. A expressão "natureza judaica", assim como outras expressões que vimos Freud utilizar em suas cartas aos colegas judeus – "espírito judaico", "raça comum" etc. – tornam-se particularmente ricas, no contexo em que ele se encontrava e por relação à sua dupla pertença: ao povo judeu e ao universo da *intelligentsia* alemã Freud sabe bem o que diz: renunciar à "maioria compacta" significou, ao longo de sua obra e de sua vida, a não-coincidência com qualquer todo. Como um homem que sempre precisou experimentar diferenças, afastou-se de todas as práticas do culto judaico e excluiu-se da cultura científica vienense sem perder sua condição de judeu nem tampouco de cientista.

Por outro lado, observa-se, tanto no discurso à B'nai Brit quanto na passagem supracitada de "As resistências à psicanálise", uma referência explícita a um certo judaísmo carregado da tradição de se constituir como um ponto de fissura na sociedade, como uma irregularidade no entorno daqueles que se pretendem iguais. Foi exatamente esta quebra, que fere os princípios de homogeneização das massas, e que torna a estranheza do povo judeu provocante, aquilo que Freud considerou como uma condição propícia à aventura analítica entendida como uma prática que se funda e se sustenta na impossibilidade de se fechar em si própria. Sendo o judaísmo uma experiência cultural e histórica de exclusão, de descentralização e diversidade, Freud treinou-se como um *intérprete do desconforto* – requisito também necessário à própria formalização da psicanálise. E é curioso que, no próprio texto "As resistências à psicanálise", ele defina a sua ciência como um ponto de corte, um operador que "fere os sentimentos da humanidade",[5] ao introduzir rupturas onde se pensam igualdades, ao provocar estranheza onde se quer a harmonia do todo.

Diáspora, ou Sobre aproximações e diferenças

O caso dos judeus como minoria à parte de uma sociedade de iguais remonta ao exílio multimilenar – babilônio no século VI a.C., romano, e finalmente, pós-romano –, que lançou o judeu na experiência da Diáspora. Diáspora significa dispersão: "estar disperso entre os povos, "estar fora de", ou melhor, "não pertencer a".[6] Na própria palavra está a idéia da experiência de ruptura que toca os fundamentos da existência do povo judeu. Maurice Blanchot insiste: "Que significa ser judeu? Por que isso existe? Isso existe para que exista a idéia de êxodo e a idéia de exílio como movimento justo;

isso existe através do exílio e por essa iniciativa que é o êxodo, para que a experiência de estrangeiridade se afirme entre nós numa relação irredutível; isso existe para que, pela autoridade dessa experiência, aprendamos a falar."[7]

O sujeito da Diáspora, à diferença de um exilado político expulso de sua própria pátria, nasceu em um país no qual ele se situa simultaneamente dentro e fora, num entre-dois cujas "fronteiras" lhe permitem partilhar a identidade do povo da nação na qual ele existe e manter um "pedaço de si" sempre alhures, no espaço marginal do não-lugar.[8]

Freud fez bom uso dessa posição paradoxal de dentro/fora em favor de sua descoberta: buscou o sujeito da psicanálise fora do visível para incluí-lo, rompeu as ligações visíveis fazendo com que aparecessem ligações reais; enfim, mostrou ser possível dissipar as significações articuladas e completas para que o sentido venha a emergir, sempre lacunar. E, quando os pacientes o procuraram, por força de um sofrimento, ele pôde ver que todos, independentemente da cultura, etnia e sexo, eram de certa forma "sujeitos da Diáspora"; isto é, se algumas fronteiras fixavam suas identidades à ordem do mesmo, os pacientes da psicanálise, porque eram divididos, freqüentavam também o "país do Outro", aquele que está para além de toda fronteira: o inconsciente.

Assim, logo em seus primórdios, a posição da psicanálise freudiana na cultura encontra-se muito próxima à do povo judeu: estar sempre em movimento, fora do espaço da maioria, em muitos outros espaços. Sucede também que a invenção freudiana vive no "entre-dois": freqüenta o "país" da ciência, o da arte, o da estética, o da filosofia, o da literatura, o da religião e o do mito, ao mesmo tempo em que exige o repensar de todos estes *topos*. É o que justifica sua função de corte e obriga o analista a buscar seus alimentos sempre mais além, alhures.

A pulsão ilustra de forma contundente esta posição atópica da psicanálise. Diz Freud que a pulsão é um conceito limite entre o psíquico e o somático, isto é, não pertence a um registro ou a outro, mas está entre-dois. Entre-dois, psíquico e somático, traduz a posição do que não é instinto, ao mesmo tempo que sua fonte é somática. Com o conceito de pulsão, Freud carimbou de vez a psicanálise como um saber "extraterritorial", e sem "identidade nacional": a pátria psicanalítica não pode ser, por exemplo, nem a biologia, nem a psicologia, "países" nos quais ela será sempre estranha e estrangeira. Tampouco pode habitar o país da medicina ou da filosofia. Quanto aos médicos e filósofos, Freud dizia que os primeiros receberam a psicanálise como um sistema especulativo e os segundos a censuravam por valer-se de premissas artificiais, sem clareza e precisão.[9]

É inevitável pensar que, no caso da psicanálise sair desse lugar insituável do estrangeiro, estará condenada a morrer: qualquer tentativa que negue sua atopia impossibilita sua prática. Poder-se-ia até supor, por paralelismo, que o povo judeu encontraria o fim de sua singularidade caso lhe fosse roubado o direito de mover-se na Diáspora: o que é certo é que a existência do Estado de Israel jamais será garantia dessa singularidade, se não for uma grave ameaça a ela. A homologia dos estados de atopia da psicanálise e do povo judeu faz com que ambos comunguem, a um só tempo, de uma identidade e de uma diferença. Por um lado, há uma comunidade entre ambos, uma identificação que se estabelece através dos traços de estrangeiridade e exílio. Mas, paradoxalmente, são estes os mesmos traços que estabelecem de imediato – e com isso desestimulam qualquer paralelismo – uma desidentificação na medida em que são traços que provocam efeitos de corte e de ruptura. Pode-se dizer que, neste paradoxo, residem a garantia da especificidade e a visceral estranheza constitutiva do judaísmo e da psicanálise.

"Psicanalisar" Freud e o judaísmo; "judaizar" a psicanálise

Ao contrário de Freud, que tão bem soube sustentar uma aproximação e uma diferença radical entre sua invenção e sua cultura de origem, alguns historiadores e psicanalistas incorrem em equívocos desastrosos quando tratam de pensar a questão, variando do exercício de "judaizar" e mistificar a obra freudiana à não menos despropositada *démarche* de "psicanalisar" o judaísmo. Outros ficam presos a uma espécie de vício circular de "psicanalisar" Freud e a própria psicanálise, e adotam como método de trabalho para abordar a questão a psicanálise selvagem: insistem em interpretações imaginárias, sem qualquer fundamento na vida e nas palavras de Freud.

Por outro lado psicanalisar o judaísmo ou qualquer outra cultura, é bastante problemático: Freud reconheceu que todas as suas tentativas de psicanalisar uma cultura não haviam passado de um exercício de analogias. E advertiu: o gesto de aplicar o método analítico a uma sociedade ou a um povo está de antemão prejudicado pela impossibilidade de o analista impor à coletividade sua terapêutica.[10] Sábia prescrição, infelizmente ignorada por "aprendizes de feiticeiro" que exercitam a violência de "psicanalisar" o que quer que seja. Enfim, o que há de comum em todas as produções que ferem a letra freudiana é a falta de uma reflexão profunda e produtiva a partir daquilo que o próprio inventor da psicanálise afirmou, em sua obra e em sua correspondência, sobre a relação que manteve ao longo de sua vida com o judaísmo e no que teria sido esta relação importante para a psicanálise.

O livro *Freud e a tradição mística judaica* de David Bakan, por exemplo, foi escrito com o propósito de demonstrar, em detalhes, semelhanças entre a psicanálise e a Cabala, a linhagem mística da religião mosaica. Mesmo depois de reconhecer não ser possível afirmar que Freud tenha conhecido de perto a doutrina e o método da Cabala, Bakan preferiu ignorar seus próprios cuidados para falar de um "espírito cabalístico" que teria atingido e provocado, no fundador da psicanálise, fortes sentimentos místicos.[11] A fragilidade dessa tese transparece na omissão de dados que possam convencer o leitor de como o misticismo judaico se transmitiu a um judeu que, além de não ter tomado conhecimento direto ou indireto da Cabala, afirmou contundentemente durante toda sua vida ser um incrédulo. Além do mais, aquilo que Freud dizia admirar sobretudo no judaísmo era precisamente a carência de elementos místicos, e sabe-se que a Cabala é misticismo. Não se pretende dizer com isso que Freud ignorava a existência da Cabala ou que, de uma maneira ou de outra, negasse os vínculos desta com a tradição judaica. Segundo o historiador Yossef H. Yerushalmi, o inventor do método analítico era tributário de toda uma corrente de pensadores racionalistas do século XIX que reconhecia a extensão e a tradição do misticismo judaico, embora considerasse a Cabala uma forma não autêntica da doutrina mosaica.[12] A *démarche* de Bakan é daquelas que incorrem em "judaizar" a psicanálise, fazendo do freudismo uma versão leiga da mística judaica.

Outro exemplo de distorção e confusão relativas a um suposto reconhecimento de raízes da lógica semítica e judaica na psicanálise é o livro de Gerard Haddad, *O filho ilegítimo: as fontes talmúdicas da psicanálise*. Após traçar uma analogia entre a interpretação talmúdica e a interpretação psicanalítica, o autor conclui um tanto apressadamente que a psicanálise é um "retorno do recalcado", isto é, um sintoma de Freud. Renato Mezan faz uma reflexão bastante contundente e esclarecedora acerca deste tipo de interpretação selvagem: "a psicanálise não é de modo algum 'retorno do reprimido', e caracterizá-la deste modo implica considerar – o que está longe de ser uma idéia sem conseqüência – que uma formação cultural é um sintoma de natureza idêntica à do sintoma neurótico."[13]

Haddad pertence à categoria de autores que insistem em psicanalisar Freud. Logo na introdução do seu livro, a confusão se instaura com a análise do "Sonho da injeção de Irma", conhecido como o sonho inaugural da psicanálise. Em lugar de buscar na escrita freudiana os elementos para demonstrar sua hipótese sobre as influências do judaísmo na psicanálise, o autor desvia-se da rota que traçara: perde-se nas associações que ele próprio produz a partir da leitura do sonho de Freud. Ora, este método de trabalho, no qual o analista abandona as associações do sonhador em favor das suas, foge inteiramente ao espírito da interpretação psicanalítica, invalidando de saída qualquer projeto que se quer analítico. Apesar de certamente conhecer muito bem o Talmude, além das teorias de Freud e de Lacan, Haddad terminou por incorrer nos equívocos de judaizar a psicanálise e de psicanalisar Freud. Com isso, desperdiçou a possibilidade de refletir sobre uma possível articulação entre as interpretações talmúdicas e psicanalíticas como constitutivas de dois campos que mantêm entre si uma ligação e uma oposição necessárias à preservação de suas próprias diferenças e semelhanças.

Num estudo muito criticado mas bastante citado, Marianne Krüll faz uma verdadeira incursão psicanalítica na vida do homem Freud. O título de seu livro, *Sigmund, filho de Jakob*, diz bem a que ele veio: trata-se de uma psicobiografia do inventor do método analítico. Valendo-se dos instrumentos pertinentes à investigação psicanalítica, a autora experimenta pensar os vínculos da psicanálise com o judaísmo com base na relação de Freud com seu pai. A tese central de seu livro é a de que o rompimento de Jakob Freud com o judaísmo tradicional gerou dentro dele um intenso sentimento de culpa, de tal ordem que teria acabado por atingir Sigmund. Krüll procura analisar a relação de pai e filho a partir do que ela supõe ser um jogo de culpas e identificações narcísicas entre ambos, concluindo que a psicanálise é fruto de motivos psicológicos perpassados pelos conflitos de Freud com seu pai. A tentação de "psicanalisar" o homem Freud levou a autora a tirar conclusões circulares e confusas sobre aquilo que apenas o inventor do método analítico poderia ter afirmado, já que, à premissa de sua tese, subjaz a negação de que a psicanálise é um método de invenção de realidades singulares do sujeito. Cabe então perguntar: pode-se considerar a tese de Krüll um estudo psicanalítico ou trata-se apenas de mais um exercício de psicanálise selvagem sobre Freud? Se Krüll recorre aos conceitos freudianos como categorias estáticas e aplicativas, conclui-se que seu trabalho não escapa aos limites de um estudo psicológico-historiográfico que se pretende psicanalítico.

É verdade que Freud deliberadamente analisou seus sonhos e seus atos falhos, mas o fez apenas com o intuito de explicar suas teorias, de fazer operarem seus conceitos; embora atento aos começos, jamais teve a intenção de "revelar" as origens da psicanálise. Fiel ao que ele próprio inventou, sabia da impossibilidade de fixar um sentido único e totalizante para os fatos, a história e, sobretudo, o sujeito. Há, porém, muitos analistas que não pensam assim e terminam por fazer da vida do inventor da psicanálise um caso clínico. Na verdade, o próprio Freud já havia intuído que seria alvo deste tipo de investigação e, a respeito, invocou as palavras que Caliban, personagem de *A tempestade* de Shakespeare, dirige a Próspero: "Você me ensinou a língua; e meu proveito é saber amaldiçoar."[14]

Nessa mesma linha, o esforço de Estelle Roith para pensar a teoria freudiana da sexualidade feminina não passa de uma exegese supérflua e quase frívola do que a autora chama de "indisposição de Freud em enfrentar as questões em torno de seu relacionamento com a mãe".[15] A partir de escassas bases, a autora pretende sustentar que as idéias de Freud sobre o feminismo foram plantadas sobre o peso do lugar reservado à mulher na cultura judaica. E mais: os sentimentos conflitantes de Freud para com sua identidade judaica, segundo esta autora, causaram problemas na sua percepção das mulheres. Tal tese revela-se absolutamente problemática sob diversos ângulos. Em primeiro lugar, nada se pode dizer sobre a teoria psicanalítica a partir de interpretações da relação de Freud com sua mãe, seu pai ou quaisquer outras pessoas que não seus pacientes, aqueles que lhe mostraram que e como existia o inconsciente. Análises psicológicas sobre as mulheres judias em bem pouco ou nada podem ser úteis a uma tese que se proponha a falar da teoria da sexualidade feminina em Freud. Era preciso que todas as pacientes de Freud tivessem sido judias e que, além disso, unanimemente houvessem falado sobre um mesmo objeto e movimento pulsional – o que decerto é totalmente impossível dada a própria natureza da pulsão – para que se provasse a hipótese de filiação da teoria freudiana da sexualidade feminina à doutrina judaica sobre o lugar da mulher.

Além disso, do ponto de vista da pesquisa sobre a cultura rabínica, Roith faz uma interpretação totalizante: ignora ou deixa fora de sua análise a importância do sexo e da mulher no Talmude, onde o feminino é um dos seis temas importantes da *Mishná**, e limita-se a dar ênfase a certos aspectos repressivos do judaísmo para justificar sua idéia de conter este uma doutrina patriarcalista e discriminatória da mulher.[16] Em suma, restringe-se a fazer uma análise das aparências. Na mesma medida, é preciso dizer que o entendimento que a autora tem sobre a questão do feminino na psicanálise comete pelo menos o imperdoável equívoco de ignorar as transformações da teoria da sexualidade feminina em Freud e aprecia mal seu derradeiro texto sobre o tema – "A feminilidade" –, em que ele remete o enigma da alma feminina aos poetas. O feminino é outro para a teoria psicanalítica, e a alteridade é, de alguma maneira, a sua "natureza".

Théo Pfrimmer, em seu *Freud, leitor da Bíblia*, após uma pesquisa minuciosa na própria Bíblia da família do fundador da psicanálise – uma edição traduzida para o alemão e comentada pelo rabino Dr. L. Philippson –, propõe a tese de que a psicanálise é filha legítima do universo bíblico. A Bíblia, segundo Pfrimmer, não apenas exerceu uma forte influência na descoberta da psicanálise, como também teria sido nela que a jovem ciência nascida em Viena implantou suas raízes. Para provar e justificar sua hipótese, o autor utiliza, como medida de trabalho, seu extenso levantamento das *Obras completas* e da correspondência e fala registrada de Freud, de cerca de 400 citações bíblicas. Contudo, as conclusões de Pfrimmer têm o teor de uma "psicanálise" de Freud, na medida em que reduzem a descoberta freudiana a um conjunto de identificações imaginárias de Freud com personagens bíblicas. Pfrimmer chega a sugerir uma marca teológica nas fontes da psicanálise, o que não apenas contraria o que se sabe sobre a idéias de Freud a respeito de religião, como também se choca com as explícitas declarações de ateísmo deste último em sua correspondência e em sua obra.

Mas apesar disto, os dados de sua pesquisa não deixam de servir aos que pretendem pensar, mais além das identificações, a relação do *ethos* bíblico.

Teses como as de Bakan, Haddad, Krüll, Roith e Pfrimmer apenas evidenciam o quanto comparações "culturais" e interpretações "psicanalíticas" um tanto sumárias não são evidentemente suficientes para explorar com riqueza o potencial articulatório dos eventuais vínculos entre psicanálise e judaísmo, nem tampouco para trazer à tona, na "arqueologia" da psicanálise, um solo judaico.

O livro de Marthe Robert, *Freud e a consciência judaica*, também é uma tentativa de analisar o relacionamento entre Jakob Freud e seu renomado filho, mas distancia-se metodologicamente da abordagem dos livros de Krüll, Roith, Haddad e Bakan. Robert busca permanecer fiel à palavra de Freud e, sobretudo, exime-se de investidas historiográficas não abonadas pelo próprio Freud quando este se refere a uma certa influência do judaísmo sobre a sua pessoa. A tese desta autora é a de que o drama psíquico de Freud, conformado por sentimentos ambivalentes pelo pai – o qual, diversamente de um lendário rei grego, era apenas um bondoso e malsucedido comerciante judeu –, concorreu para a elaboração de sua descoberta. O peso desta relação é estudado minuciosamente pela autora: a chave de *Moisés e o monoteísmo* teria sido a relação não resolvida de Freud com o pai. Ao final de seu livro, a autora conclui que esses conflitos encontram escoamento nessa obra monumental, em que o pai da psicanálise expressou o desejo de tornar-se apenas o filho de seus trabalhos e de sua obra.

Em que pesem os limites dessa interpretação estereotipada, na medida em que reduz a descoberta psicanalítica a um conflito edípico e à problemática das identificações imaginárias de seu criador, Robert traz contribuições excelentes ao estudo do modo como Freud lidava com o fato de pertencer ao povo judeu vivendo numa sociedade hostil à diferença. Cuidando de trabalhar apenas com as cartas que Freud trocou com alguns amigos e familiares, assim como com seus textos nos quais a questão judaica é comentada, a autora tem o mérito de não reduzir a psicanálise ao judaísmo, ao demonstrar que a descoberta do inconsciente possui raízes de pelo menos duas das culturas que mais marcaram Freud: a cultura de origem, judaica, e a cultura de referência, a iluminista.[17]

Em *Freud, um judeu sem Deus*, Peter Gay, ao justapor os conceitos de judeu e ateu e atribuir ao primeiro uma definição apenas religiosa, limita-se a demonstrar o ateísmo de Freud, insistindo em demasia nas provas do caráter não religioso da educação do inventor do método analítico. O historiador, convencido de que não houve transmissão do judaísmo a Freud, deixa totalmente ausentes de sua crítica o aspecto da *ligação simbólica* que Freud manteve com o judaísmo e as conseqüências disso para sua vida e sua obra. Mas esta não é a única crítica que se pode fazer a Gay: sua tese de uma identificação de Freud com Moisés, quando analisa *Moisés e o monoteísmo*, não difere das invenções "psicologizantes" a que tantos autores, sejam eles psicanalistas ou historiadores, não conseguem resistir quando escrevem sobre Freud. Segundo Gay, "Freud teria transformado Moisés em egípcio para que pudesse ser o primeiro verdadeiro Moisés para seu povo." (*Sic!*)[18]

Quase não vale a pena insistir na ingenuidade desconcertante de tal insinuação. Reduzir *Moisés e o monoteísmo* a uma interpretação de intenções supostamente inconscientes de Freud ou mesmo à sua vaidade é extremamente empobrecedor e, apesar de totalmente dissociado do *corpus* freudiano, só traduz o fascínio deste. Quando se fala de Freud, todos querem virar "psicanalistas", e alguns até o admitem explicitamente, como Le Rider em sua tese de doutoramento em letras germânicas, cujo objeto é a modernidade vienense: "O presente trabalho deve à psicanálise algumas idéias essenciais, sem todavia ter sido concebido como estritamente... psicanalítico. O homem Freud aparecerá nele tão freqüentemente quanto a teoria freudiana. De fato, como poderia resistir à tentação de aplicar ao próprio Freud uma diligência de inspiração psicanalítica, quando se trata de interpretar as abundantes matérias trazidas por seus biógrafos."[19]

Deve-se ter muita cautela para não empobrecer, com uma interpretação "psicanalítica", sumária e selvagem, tanto a riqueza de uma cultura quanto a vida e a obra de Freud. Nesse sentido, os autores de cujos livros se fez essa breve revisão não cuidaram de pensar que, ao demonstrarem suas teses "aplicando" conceitos psicanalíticos ao homem Freud e à cultura dos judeus, naufragariam numa região pantanosa: a utilização da psicanálise como um instrumento de leitura de sua própria origem padece do vício de reducionismo. São teses equivocadas, que afastam possibilidades mais precisas de circunscrever por onde a psicanálise seria tributária do judaísmo, como o é igualmente, por sinal, de outros campos do conhecimento e da cultura. Psicanalisar Freud ou fazer sua psicobiografia significa deixar de tocar no âmago da questão, pois se perde a oportunidade de indagar sobre a construção da judeidade de Freud, enquanto expressão de um fazer infinito e interminável e sua correlação com a psicanálise, enquanto uma prática e uma teoria do não-idêntico.

A PSICANÁLISE ENTRE A RAZÃO E O MITO

As proposições de Mezan sobre a ressonância do judaísmo na psicanálise enveredam por um caminho diverso. Mezan se furta totalmente a psicanalisar Freud ou a utilizar os instrumentos psicanalíticos para demonstrar que o judaísmo é um ancestral da psicanálise. Por isso mesmo, suas críticas àqueles que tendem a confundir a descoberta freudiana com a cultura de origem de Freud são absolutamente contundentes e pertinentes. Entretanto, Mezan leva o leitor a encontrar apenas um Freud: aquele que busca a verdade do deus de *O futuro de uma ilusão*, o *Logos*. Fica-se assim afastado do Freud que busca a verdade histórica – entendida como verdade que transcende a materialidade dos fatos – nos mitos, nas fábulas, nas ficções e na religião, para dar conta de uma outra ordem de pensamento que não apenas a da razão e da consciência. Quanto ao judaísmo, Mezan também é parcial: introduz na discussão somente sua vertente religiosa. Embora reconheça que é também possível pensar o judaísmo como uma ética, tal qual o faz em algumas ocasiões o próprio Freud,[20] deixa de lado um aspecto fundamental: o judaísmo é também uma forma de pensamento que a filosofia ocidental desconhece, conforme sugere Emmanuel Lévinas, particularmente em sua obra *Ética e infinito*. Sente-se falta, quando se lê *Psicanálise e judaísmo: ressonâncias*, de uma reflexão sobre a relação de Freud com o judaísmo menos comprometida com o pensamento iluminista, isto é, menos assombrada pela questão da religião. Nesse sentido, a interpretação de Mezan pode ser aproximada das colocações de Peter Gay.

Decerto Freud era ateu. Sua curiosa correspondência com o pastor Pfister, onde discute longamente a relação entre os discursos psicanalítico e religioso, testemunha o quanto esteve sempre preocupado em manter sua disciplina afastada de um campo discursivo orientado pela crença em uma única verdade. Essa mesma inquietação, em sustentar a incompletude do saber, aparece formulada em "Dois artigos para enciclopédia": a psicanálise não pode se constituir como os sistemas da filosofia que, fundados na lógica da consciência, procuram, através de conceitos básicos definidos com precisão, "compreender todo o universo, após o que não resta lugar para novos conhecimentos". Ela deve prender-se à sua própria experiência, "sempre inacabada, pronta a deslocar as ênfases de suas teorias ou a modificá-las". Ao final destas considerações, Freud conduz o leitor a se indagar sobre a proximidade da psicanálise com o campo da ciência, quando compara sua disciplina à física e à química – ciências que trazem em seu *corpus* teórico conceitos importantes, "apesar de pouco claros; postulados provisórios à espera que se definam com mais precisão nos resultados de trabalho futuro."[21] Tal aproximação faz eco às suas palavras endereçadas a Pfister, de querer conceder ao analista "o estatuto de pastores de almas seculares",[22] e à sua esperança de que, ao batizar a psicanálise no culto do deus *Logos*, a preservaria do perigo de se transformar em mais um dos discursos religiosos da modernidade.[23]

Quando se pensa uma diferença entre o movimento da ciência e sua absorção pela cultura, é possível localizar, no pensamento freudiano, a definição de ciência como toda descoberta que vem de uma experiência de encontro com a alteridade. A psicanálise enquanto tal preenche este requisito fundamental: a prática analítica, disse Freud certa vez, a arte de interpretar as associações livres do paciente, introduziu "uma nova escala de valores no pensamento científico";[24] criou um modelo de cientificidade absolutamente original, voltado ao indizível, à inquietante estranheza que habita em nós, para além de nossa memória. A invenção freudiana descortina, no alvorecer deste século, uma Outra cena: a do pensamento que, acontecendo nos sonhos, nos lapsos e nos sintomas, move-se segundo outros critérios que não os da norma da consciência, o grande ídolo do racionalismo. Na contramão da racionalidade da *Aufklärung*, que privilegiava a coerência e a identidade como formas de verdade, a psicanálise se anuncia como um método de escuta do incoerente, do não-idêntico e do deformado, obedecendo sempre à lógica do Outro.

Em relação a esta questão, disse Lacan em "Para além do princípio de realidade"[25] que, antes da psicanálise, a psicologia, que se pretendia científica, conferia à loucura, bem como aos fenômenos sensitivos, percepções, imagens, crenças etc., o estatuto de mero erro de sentido, ou mesmo de realidade puramente ilusória. Na direção inversa, Freud inicia sua prática trazendo à clínica da escuta todos esses acontecimentos marginais, ao mesmo tempo que deles retira os elementos necessários para criar os fundamentos de uma nova e original teoria científica. Não foi, portanto, por acaso que, ao procurar dar conta de discursos rejeitados pela lógica do conhecimento de seu tempo, Freud gerou a regra fundamental da psicanálise: acolher clinicamente tudo aquilo que, estranho ao conhecimento, pede *reconhecimento*. Isto o obrigou a sustentar uma posição implacável: não ceder a qualquer saber hegemônico e prévio que impedisse, através de amarras totalizantes, o pensamento enquanto criação e emergência de novas possibilidades de uma fala do que não pode ser inscrito. Coube à descoberta freudiana afirmar-se como uma prática de absoluta alteridade frente ao saber instituído sobre o psiquismo humano: a psicologia e a psiquiatria do século XIX.

Freud ignorava as contradições excludentes e as distinções rigorosas da lógica aristotélica, os "nãos" e os "ous", para fazer valer, na construção de sua teoria, a sonoridade da conjunção "e" em toda a sua plenitude. Próximo da linguagem dos sonhos, bem como da modalidade de expressão que se encontra nas línguas primitivas dos antigos semitas, o pensamento freudiano apresenta-se como uma sucessão de idéias que acaba por abrigar, na própria malha daquilo que tece, a coincidência de opostos. Em seu estudo sobre o pensamento de Freud, Luiz Roberto Monzani chama a atenção para o fato de que, apesar da insistência em inscrever a descoberta do inconsciente no campo da ciência, o mestre de Viena não se furtou a anunciá-la com *A interpretação dos sonhos*, uma obra que se inseria num campo semântico decididamente suspeito para os cientistas vienenses de 1900.[26] Desde então,

Freud expõe simultaneamente duas modalidades de apreensão do psiquismo que, em princípio, pareciam ser absolutamente excludentes: a via da decifração de sentido e a via da energia ou economia psíquica. Ao contrário de outros, o mestre de Viena ousava reunir – o que para muitos foi e será sempre impensável, ou mesmo absolutamente impossível – energia e sentido no mesmo espaço, a primeira e a segunda tópicas conectando-se em seus aportes próprios, sedução e fantasia estabelecendo um jogo complexo de mútua interferência.[27]

Retornando às críticas de Freud ao discurso religioso, é preciso dizer que, ao longo de sua obra, principalmente depois dos anos 20, quando introduz o conceito de *pulsão de morte*, fica bastante claro seu objetivo em atingir a religião enquanto sistema organizado. Para Freud, qualquer organização é do regime do eu, é desejo de fazer unidades que se corporificam em sistemas tendentes à exclusão do outro para fortificar os idênticos. A religião como sistema organizado sempre foi, para ele, idolatria espiritual, que se fortalece às custas do pior: oblitera o vazio fundante da cultura com seus dogmas e condena à exclusão o outro que não se submete à sua lei. Entretanto, ainda que tarde, Freud fará uma importante distinção: "Em *Futuro de uma ilusão* formulei um juízo fundamentalmente negativo sobre a religião. Mais tarde encontrei uma fórmula que lhe fazia melhor justiça: seu poder descansa sobre seu conteúdo de verdade, sendo que esta verdade não é material, mas histórica."[28]

Freud irá defender essa tese em *Moisés e o monoteísmo*, o que faz com que esse texto represente um salto no tratamento que ele até então havia dado ao tema da religião. Conforme ressalta Lacan, Freud precisou separar a invenção de Deus do fenômeno da religiosidade e da questão política das instituições religiosas para compreender – no reconhecimento inelutável da alteridade – o porquê de ser impossível ao humano não pensar na *ex-istência*[29] de Deus e de que forma isso dirá respeito à ciência e, conseqüentemente, ao real. Pode-se dizer que a complexidade do derradeiro texto freudiano sobre a cultura renova, de uma maneira surpreendente, a leitura psicanalítica sobre a idéia de Deus. Ao introduzir a noção de verdade histórica designando-a como uma multiplicidade de traços e de inscrições que se re-atualizam, incessante e diferencialmente, a idéia de Deus ganha na teoria freudiana o estatuto de uma operação textual.[30]

Em *O país do Outro*, Serge Leclaire faz um breve e preciso resumo de uma experiência que – sobredeterminada pelo exercício clínico e pela luta incessante de seu fundador em fazer vencer um pensamento – sempre buscou a diversidade para tentar dizer melhor sobre o inconsciente: "Na realidade, sob a aparência de um digno reboco cinza-bege-rosa e de um telhado de ardósias novas, é assim que são edificadas todas as casas analíticas da diáspora freudiana. Os alicerces são por um lado trágico-míticos e, por outro, bíblicos e evangélicos; as paredes, de tijolos cientificistas aqui, mais adiante de alvenaria de agnosticismo gnóstico, tudo cimentado com uma argamassa lingüística fora dos padrões."[31] Este comentário ressalta a estranha arquitetura de uma prática que, através de rupturas com o mesmo e conexões com o outro, levou Freud a identificá-la como paixão pela escuta da inesgotável melodia pulsional.

Sabe-se que em um primeiro momento, sem muito sucesso, Freud procurou referências teóricas na ciência positivista de seu tempo, com o objetivo de legitimar sua descoberta. Entretanto, a exigência racionalista de coerência lógica e de síntese a ela inerentes lhe fechou as portas, dado que o inconsciente situa-se em outro registro. Freud foi então buscar nos sonhos, nos mitos e nas histórias sagradas uma confirmação do que é da ordem da incoerência, do indizível e do invisível. Isto lhe valeu, depois de algum tempo, abster-se de qualquer pudor cientificista ao ponto de terminar por confessar, em seu belo ensaio sobre "Gradiva", de Wilhelm Jensen, que, lado a lado com os novelistas e os poetas, tinha se atrevido a "tomar o partido da antigüidade e da superstição popular, contra o ostracismo da ciência".[32]

É preciso salientar que essa escolha de Freud em freqüentar o campo da arte estava perfeitamente de acordo com sua prática clínica, que sobrepujou o que se sabia até então sobre a alma humana a partir do momento em que ele se pôs a escutar as histórias, as "novelas" e os mitos de seus pacientes: "Surpreende-me singularmente que as histórias de pacientes que escrevi sejam lidas como se fossem breves novelas e que desses relatos esteja ausente, por assim dizer, o selo de seriedade do caráter de cientificidade."[33] Assim, cúmplice dos que habitavam o universo da desrazão e fazendo-se acompanhar de outras formas de expressão e comunicação da memória humana, inclusive as anteriores ao advento da ciência, Freud foi se aproximando da verdade do sujeito e se distanciando das práticas que pretendiam pensar o homem como hegemônico e igual. Esta posição, bastante indigesta aos cientistas da época, era conseqüência de sua convicção de que era impossível encerrar um saber sobre o psiquismo humano: "De uma coisa tenho sempre certeza: há coisas que agora [no presente] não podemos saber"[34], escreveu certa vez ao amigo Romain Rolland.

Construir um edifício teórico como se fosse um tecelão, esta foi a estratégia de Freud. Em seu tear, a matéria-prima – a palavra do paciente – era cerzida com os fios do pensamento grego, e os da ética judaica, e bordada com metáforas retiradas do drama e da poesia ocidentais.[35] Entretanto, o mais curioso é que mesmo tendo reconhecido a importância de todas estas fontes culturais em seu percurso de analista e criador de um novo saber na cultura, Freud teve de admitir, algumas vezes, que estes mesmos fios serviam, por vezes, de obstáculos à sua escuta. Assim, na ocasião em que recebeu a obra de Romain Rolland "Essai sur la mystique et l'action de l'Inde vivante", escreveu ao amigo e interlocutor de *Mal-estar na civilização*: "Agora tentarei, sob sua orientação, penetrar em uma selva indiana da qual até agora uma mistura incerta de amor helênico da proporção, sobriedade judia e temor filisteu me manteve à distância. Realmente devia tê-la enfrentado antes, pois as plantas desse solo não me devem ser estranhas; cavei a certas profundezas em busca das suas raízes. Mas não é fácil ir além dos limites da própria natureza."[36]

Dessa "mistura" cultural a que se refere Freud, Lydia Flemm, em *O homem Freud*, destaca a importância do pensamento grego na psicanálise. Segundo a autora, na ciência dos sonhos são patentes os ecos dos mitos gregos, pois estes veiculam com grande força de expressão as mais profundas fantasias e por isso mesmo se tornam metáforas privilegiadas do inconsciente." Édipo e Narciso, dois dos grandes tesouros da mitologia grega, entraram para a psicanálise como modelos, figuras conceituais privilegiadas da fundação do inconsciente e da formação do eu. Reconhecer nos mitos gregos um pensamento autônomo, com sua lógica e seu modo de experiência, levou Freud a aproximá-los do sonho: ambos são vias de acesso ao real.

O espírito crítico de Freud adiantou-se aos estudos mais modernos sobre os mitos e sua função na cultura como narrativa de uma criação que, produzida num passado remoto, se perpetua em algo de uma realidade atual. Histórias dramáticas que autorizam os costumes, os ritos e crenças ou aprovam suas alterações,[37] os mitos estão entre a dominação e o conhecimento da natureza, e isto lhe confere uma eficácia simbólica. De uma maneira geral, Freud rompeu com a consciência negativa da razão sobre o mito ao designá-lo como uma narrativa, de alto valor social e individual, cuja função *é expressar uma verdade sobre as origens e a arquitetura do espírito humano*. Nesse sentido, a entrada das construções míticas no campo psicanalítico está para além de uma simples busca de referências e é também um modelo de expressão do pensamento científico. Sabe-se que Freud escreveu a Einstein sem nenhum pudor cientificista: "Talvez ao senhor possa parecer serem nossas teorias uma espécie de mitologia e, no presente caso, mitologia nada agradável. Todas as ciências, porém, não chegam afinal a uma espécie de mitologia como esta? Não se pode dizer o mesmo, atualmente, a respeito de sua física?"[38]

O fato é que enquanto a razão de seu tempo subordinava o fabuloso à ignorância, Freud tratava de indicar àqueles que desejavam exercer a função de analistas que importassem conhecimentos da história das civilizações e da mitologia. O mito está na base do edifício teórico e clínico da psicanálise, se estabelecermos, como Freud o faz, uma analogia entre essa expressão cultural e a fantasia.[39] Basta ler as cartas enviadas a Fliess em maio de 1897 para perceber que desde os primórdios da psicanálise, seu inventor pensava a fantasia e o mito como construções do sujeito frente a angústia. Espécie de véu particular do sujeito, a fantasia, assim como o mito, permite ao homem avançar, pois elabora respostas possíveis à inquietante estranheza que o toma de assalto quando surge o desconhecido.

Vale lembrar que, a partir da escuta das fantasias de seus pacientes, Freud funda, segundo a conhecida expressão de Lacan, o único mito da modernidade, o *mito de Totem e tabu*. Este mito assinala a preocupação da psicanálise com o momento de origem da religião e da sociedade, fora de qualquer âmbito exclusivamente antropológico, sociológico ou teológico. Trata-se de uma construção que estabelece um limite no interior da própria teoria psicanalítica, já que nem tudo é passível de formalização na psicanálise.[40] E a teoria das pulsões, à qual Freud chamou de "nossa mitologia",[41] é, na verdade, o mais enigmático de todos os mitos da cultura, pois a pulsão está *entre* o psíquico e o somático, *entre* o que recebeu sentido e aquilo que não se inscreveu. Ela é o mito da diáspora do sujeito freudiano, aquele que está *entre-dois* – o corpo e a linguagem.

Qual o interesse do judaísmo para a psicanálise?

Na verdade, o que fica da enorme produção de trabalhos sobre Freud, psicanálise e judaísmo concorre para delinear o seguinte desafio: como ler Freud de modo a melhor compreender *em que a experiência de sua judeidade incidiu sobre a formulação do método e da clínica psicanalíticos*? E fazer isto furtando-se a psicobiografar Freud, a psicanalisar o judaísmo e a judaizar a psicanálise...

Em seu estudo sobre a escrita freudiana, Solal Rabinovitz recomenda ler Freud com Freud, isto é: "tal como ele é na escritura de sua própria procura teórica".[42] Ler Freud com Freud induz, por exemplo, a não circunscrever a descoberta da psicanálise apenas à condição de o homem Freud pertencer a uma minoria, diante de uma sociedade na qual ele se incluía ao mesmo tempo que dela se excluía. Ler Freud com Freud impede que se leiam os acontecimentos em torno de sua vida e da construção da psicanálise unicamente pela diferença entre conteúdo latente e conteúdo manifesto, que reduz a psicanálise às identificações imaginárias de seu idealizador. Só uma leitura à letra dos escritos freudianos – vale dizer, acompanhar passo a passo a letra de Freud, agenciar os vazios de seu texto – permitirá sair do nível da opinião e da psicologização.

Uma *démarche* que tem o mérito de não "aplicar" a psicanálise ao próprio Freud, nem o judaísmo à psicanálise é a de Yerushalmi em *O Moisés de Freud, judaísmo interminável e terminável*, onde esse historiador do judaísmo procura pensar a "questão judaica" que atravessa a psicanálise, bem como a verdade da judeidade de Freud, unicamente em seus textos e cartas, e indagando-se sempre sobre o modo como Freud praticou sua judeidade para além dos significantes religiosos. Todo o livro de Yerushalmi gira em torno de *Moisés e o monoteísmo*, no qual Freud aponta um novo conceito de verdade que a historiografia e a ciência ocidentais têm dificuldade de pensar e que o judaísmo, segundo o historiador, carreia em seus fundamentos, decerto não como conceito, mas como uma modalidade de apreender o "passado como algo que não apenas subjuga; também nutre".[43] Uma dedicatória de Jakob Freud, na Bíblia da família que deu a seu filho Sigmund, no trigésimo-quinto aniversário deste, é o outro fio condutor das elaborações de Yerushalmi: em sua rota de historiador ele dá a perceber que o modo como a psicanálise lida e investe na história do sujeito em análise se aproxima, e muito, da modalidade com que os judeus obedecem ao mandamento de *Zakhor* (Lembrar), obrigação de memória da história do povo de Abraão, Isaac e Jacó. Desde os tempos bíblicos, este mandamento tem a função, como se verá mais detalhadamente no capítulo V, de reinaugurar, a cada lembrança, o ato de fundação da Aliança.

A aproximação que Yerushalmi faz do judaísmo com a psicanálise, sempre a partir do texto de Freud, incute vida própria à letra freudiana. E, contrariamente a Peter Gay e outros que afirmam que a judeidade de Freud teve pouca ou nenhuma influência sobre seu pensamento, sempre confundindo-a com a infidelidade de Freud ao judaísmo enquanto religião, Yerushalmi mostra que, ao lado da descrença de ordem spinozista para com o judaísmo, o inventor do método analítico foi extremamente fiel à sua judeidade. O que quer dizer "ciência"? e O que quer dizer "judaico"? são as duas questões que Yerushalmi levanta em seu livro sem, entretanto, respondê-las. Com isso, conforme observou Derrida, o historiador deixa para o futuro não apenas a redefinição do conceito de ciência e da categoria de "judeu", como também a questão das relações entre psicanálise e judaísmo e sua repetição sempre diferencial.[44] Será possível dizer, a partir da leitura de Yerushalmi, que o enigma da vinculação entre a psicanálise e o judaísmo deve bordejar o mesmo limite do "umbigo do sonho", que é da ordem da "não-interpretação", ou da urgência de produção de novos sentidos? Não será este o seu intuito quando, no final de seu estudo sobre *Moisés*, elabora um "Monólogo com Freud", utilizando-se do recurso de mandar uma carta a um morto, aquele que não pode responder?

Uma grande discussão do trabalho de Yerushalmi foi feita por Derrida em *Mal d'archive*, com vistas à reelaboração de seu conceito de "arquivo". Em primeiro lugar, é preciso situar a tentativa do filósofo em ler o judaísmo como uma escritura. Os desconfortos "hebraicos" da repetição, do exílio, da errância e do nomadismo são, para ele, o próprio movimento do sentido da escrita, que só existe numa rede de elementos passados e futuros, numa economia de traços. Em "Edmond Jabès e a questão do livro", Derrida pensa a autonomia da escritura nos poemas deste poeta como o paradigma de "um certo judaísmo como nascimento e paixão da escritura, amor e sofrimento da letra, acerca da qual não se poderia dizer se o sujeito é o judeu ou a própria Letra." E é na esteira desta paixão, que ele invoca no mesmo ensaio a letra como "a raiz comum de um povo e da escritura".[45] E o que quer dizer "amor e sofrimento da letra", senão que o ato de leitura é outro, que se consuma numa outra escritura?

Derrida é um teórico da escrita que se debate com o privilégio concedido à fala e à voz no Ocidente. Este privilégio, que o filósofo denominou fonocentrismo, está intimamente ligado ao logocentrismo: ambos são alvos deste autor, que insiste em mostrar que a escrita produz sentidos múltiplos, diferentes e diferidos. Desconstruir um texto, segundo este filósofo, consiste em denunciar o que nele foi privilegiado e, em nome disso, apontar o que ficou recalcado, valorizá-lo e inseri-lo num novo contexto. Trata-se de uma crítica contínua que trabalha no deslocamento do sentido e na possibilidade de inscrição de novos significados. Com efeito, a desconstrução dos textos tem uma demanda ética de impedir que um vocabulário exerça seu domínio sobre o outro. A filosofia de Derrida deve muito, neste aspecto, aos escritos de Lévinas que, como se verá logo adiante, trouxe a atividade ética da leitura-escritura hebraica para a filosofia ocidental na modernidade.

Em "Freud e a cena da escritura", Derrida serve-se da psicanálise para pensar de que forma surge o simbólico, de que forma o não-simbólico desemboca no simbólico. No modelo das máquinas e aparelhos freudianos, o inconsciente é uma escritura que se tece de diferenças, de trilhamentos, e envia, delega representantes e mandatários compreendidos apenas a posteriori. A escritura é a possibilidade de instituir. Por isso, segundo o filósofo, Freud teria representado o conteúdo psíquico por um texto de essência irredutivelmente gráfica: a estrutura do aparelho psíquico é como uma máquina de escrever,[46] o que se lê de uma arquiescritura, a *inscrição marcada-diferença*.[47] Em resumo, para Derrida, que se alinha ao Freud preocupado com o enraizamento do não-simbólico, a repetição está desde o início, mas não é nunca repetição do mesmo. Na origem, apenas ausência, vazio.

Mas é em *Mal d'archive* que Derrida dedica-se a pensar a relação da repetição diferencial com o conceito de arquivo – aquilo que se distingue da noção de experiência da memória, da idéia de retorno à origem e do sentido de arcaico. O conceito de arquivo fala de algo que está para além de ressuscitar o acontecimento: abriga na memória o nome grego de *arkhé* que designa "começo" e "comando". *Arkhé* coordena dois princípios em um: "O princípio da natureza ou da história, lá onde as coisas começam – princípio físico, histórico ou ontológico –, mas também o princípio da lei ... lá onde se exerce a autoridade, a ordem social, lugar segundo o qual a ordem é dada – princípio nomológico."[48] O arquivo é o lugar de consignação de uma técnica de repetição marcada pela exterioridade. Para Derrida, não existiria possibilidade de arquivo sem exterior, na medida em que trata-se de um conceito que tem lugar na falta originária e estrutural da memória, no esquecimento, na impossibilidade de inscrever. Conjunto de traços, isto é, de inscrições possíveis a partir de um não-inscritível, o arquivo exige o espaçamento instituído de um lugar de impressão.

Derrida faz girar grande parte de *Mal d'archive* em torno das duas inscrições na Bíblia de Freud, destacadas por Yerushalmi (a dedicatória de Jakob Freud ao filho e a data da circuncisão de Freud), para pensar esses arquivos em relação à fundação da psicanálise. Pode-se reconhecer que a questão da temporalidade psicanalítica norteou a atenção de Derrida, neste livro, pelo judaísmo. "Em que se transforma o arquivo, indaga-se Derrida, quando ele se inscreve diretamente no próprio corpo? Por exemplo, através de uma circuncisão em sua letra ou em suas figuras?"[49] A cada ato de circuncisão, responde o próprio autor, não há nada que faça um retorno à origem, mas a inauguração de um novo judeu. Ela introduz o indivíduo na ordem coletiva, mas preserva sua relação com o real, com o que não é identificável e, como tal, se faz traço. A circuncisão enquanto arquivo é a espera do futuro, a experiência de uma identidade que só poderá ser declarada e anunciada a partir do que vem do futuro.

A data da circuncisão de Sigmund Freud foi registrada na Bíblia da família junto à dedicatória que seu pai escreveu quando lhe deu de presente o livro em seu trigésimo-quinto aniversário. Três documentos do arquivo Freud (a circuncisão, seu registro e a dedicatória); dupla inscrição (uma no corpo e outra no simbólico). As marcas da experiência cultural judaica de Freud estão no livro que é o Livro.

Sobre a relação de Freud com o Livro dos livros, nada mais contundente que seu próprio testemunho:"Minha absorção precoce na história bíblica (quase ao mesmo tempo em que aprendi a arte da leitura) teve, como reconheci bem mais tarde, um efeito durável na direção de meu interesse."[50] Esse reconhecimento faz parte do esboço que Freud delineou, em seu "Estudo autobiográfico", sobre as grandes linhas de seu desenvolvimento intelectual, o que evidencia a influência da Bíblia e testemunha a importância do *ethos* hebraico em sua formação. Levado por uma espécie de curiosidade, antes voltada para as relações humanas do que para objetos da natureza, Freud conta que, desde menino, deixou-se interessar, principalmente, pela leitura da Bíblia, pelos estudos do direito e pelas atividades sociais. Reconhece que as obras de três pensadores foram fundamentais sobre suas escolhas: as teorias de Darwin, os escritos de Goethe, que o levaram a estudar medicina, e Ernst Brücke, o mestre de quem admitiu ter recebido a maior influência, qual seja, o valor da observação científica. Assim, qualquer esforço para compreender a experiência cultural judaica em

Freud, e os possíveis efeitos dela sobre a psicanálise, não dispensa recorrer ao texto bíblico.

Jakob Freud foi quem primeiro chamou a atenção para a impressão precoce e profunda da polissemia do Livro dos livros no espírito de seu filho. Uma amorosa e delicada dedicatória escrita por ele para o filho na Bíblia da família é o depoimento mais verdadeiro e sincero de que se dispõe sobre as origens da relação de Freud com o saber. Após reencadernar as páginas amareladas e despedaçadas, nas quais iniciara seu filho no estudo do Livro, Jakob escreveu em *melitzá** – texto que os antigos talmudistas elaboravam a partir da associação de fragmentos e expressões bíblicas, ou de outros livros sagrados, para formar um novo texto – a dedicatória, toda ela escrita em hebraico. Na verdade, presente e dedicatória traduziam a alegria e orgulho daquele velho pai pela passagem do aniversário do filho, a quem julgava ter mais inteligência no dedo do pé do que ele próprio em toda a sua cabeça. Eis a dedicatória:

> Filho que me é querido, Shelomoh. No sétimo dos dias dos anos de tua vida, o Espírito do Senhor começou a te animar e falou em ti: "Vai, lê meu Livro que eu escrevi e nele irromperão para ti as fontes da compreensão, do conhecimento e da sabedoria. Vê, é o Livro dos livros, do qual sábios escavaram e legisladores apreenderam conhecimento e julgamento. Uma visão do Todo-Poderoso tiveste; ouviste e te esforçaste para fazê-lo, e te elevaste nas asas do Espírito." Desde então, o livro tem sido guardado como os fragmentos das tábuas em uma arca comigo. Para o dia em que os seus anos chegaram a cinco mais trinta, pus nele uma capa de pele nova e chamei-o "Brota, ó poço! Entoai-lhe Cânticos!" E o dei a ti como comemoração e lembrança de amor de teu pai, que te ama com perene amor. Jakob Filho de R. Shelomoh Freud [sic].[51]

Este belo texto comporta uma infinidade de leituras, pois sua função é poética e desejante. Mas não se pode deixar de reconhecer nele a sutil lição de Jakob: criado dentro da ortodoxia rabínica, mas também atravessado pelos efeitos do Iluminismo, para este velho judeu da Galícia as Escrituras não encerravam apenas uma série de narrativas das quais se extraía uma sabedoria dogmática: "Brota, ó poço! Entoai-lhe Cânticos." Ele percebia o Livro como um aglomerado de letras que guardavam entre elas um saber inesgotável, uma possibilidade infinita de associações. É também importante ressaltar aqui a elegância e a delicadeza do pai para com o filho cientista: Jakob sugere, com essa especial construção da dedicatória na forma de *melitzá*, que a absorção que Freud fizera da leitura do Livro ainda menino fora decisiva na forma como apreendia, afetiva e intelectualmente, as urgências de seu tempo.

Embora formado no contexto de modernização do século XIX, quando a perda de determinadas tradições culturais tornava-se inevitável, Freud debruçou-se sobre a cultura dos tempos iluministas com o mesmo olhar que fora introduzido na leitura da Bíblia por seu pai. Se para o pai de Freud as Escrituras representavam um poço inesgotável de alimento para o desejo de saber, para o "aventureiro"[52] que navegava pelas águas turbulentas do inconsciente, a psicanálise deveria buscar, nessa fonte inesgotável de real, a garantia de sua existência e eficácia.

Historicamente, nos tempos da formação intelectual de Freud, a familiaridade para com a Bíblia não distinguia os judeus dos alemães pois, conforme observa Le Rider, "a cultura bíblica, de Goethe a Thomas Mann, caracteriza a verdadeira *Kultur* alemã".[53] Esta vocação comum ao judaísmo e à cultura germânica provavelmente contribuiu para reforçar o efeito duradouro do Livro sobre o pensamento de Freud, embora convenha ressaltar aqui, à luz do pensamento de Lévinas, que a leitura dos textos bíblicos na cultura judaica tem feição absolutamente particular e singular, e que foi nesse espírito que Freud conheceu os primeiros significantes do Livro.

No judaísmo, a Torá é considerada uma fonte inesgotável de aprendizado e de sabedoria, na qual o sujeito joga sobretudo com a textualidade,[54] fazendo multiplicarem-se os sentidos. O leitor das histórias sagradas na cultura judaica é instruído a navegar o rio da polissemia, a desconstruir o texto, a dispersar os centros de interesse e a introduzir questões sempre lacunares. Essa prática milenar de leitura das Escrituras na cultura judaica é o que vai dar sustento à tese de Lévinas segundo a qual o judaísmo está permanentemente fadado à incompletude e a se alimentar de sua própria e insaciável fome. Na perspectiva levinasiana, a leitura talmúdica do Texto bíblico emerge do encontro com o Estranho, o que significa garantir a relação do leitor com o Infinito. E a idéia de Infinito, para Lévinas, supõe a "separação do Mesmo em relação ao Outro, não enquanto pura oposição entre os dois termos, mas enquanto *produção do inintegrável*".[55]

Lévinas chegou a um incomum equilíbrio entre o universo do discurso da filosofia ocidental e a especificidade judaica, que ele situava no campo da ética, tal como é reconhecido por seu principais comentadores. O pensamento desse filósofo está marcado, por um lado, pela fidelidade ao discurso conceitual e racional da filosofia grega, e, por outro, pela tradição hebraica, na qual ele diz ter encontrado elementos para sustentar que a ética – a relação com o outro – não é um campo de saber entre outros, mas a filosofia primeira.[56] É a partir da secularização do sagrado que a ética, proposta como modalidade de transcendência, pode ser concebida.[57] Se a moral é da alçada da repressão do desejo, ou melhor, do jogo de interesses da cultura, a ética nasce do reencontro com o outro e traduz, para o filósofo, a "condição de ateu", porque esta condição é o paradigma do *ser separado*.

A filosofia de Lévinas resiste a simplificações e a críticas que buscam caracterizá-la como um pensamento de matizes religiosos. Muito ao contrário, ele considera que o ateísmo diz respeito ao pensamento voltado à alteridade, isto é, aquele que evita invocar tanto a racionalização quanto o próprio Sagrado como lugares privilegiados de sentido. E foi a partir de suas inquietações sobre a alteridade que Lévinas desenvolveu a idéia da possibilidade de inverter a concepção da filosofia ocidental de um Deus que não se confunde com o Ser. Assim ele pode estabelecer laços vitais entre o universo talmúdico e o pensamento moderno.

Em suas reflexões sobre a questão do sujeito e do outro em Lévinas e Lacan, Paul-Laurent Assoun diz que Lévinas foi quem introduziu, "no coração da economia do texto filosófico, o apelo à Alteridade"[58] através de uma leitura investigadora da palavra sem medida que é o Nome de Deus no judaísmo. Ao mesmo tempo, recolocando a questão do Ser pela ética, Lévinas teria logrado igualmente desidentificar, de um certo judaísmo que se quer hegemônico e igual, um outro judaísmo: aquele que se afirma pela diferença e se quer inacabado. As idéias de Lévinas afirmaram-se como um pensar original sobre a questão do Outro, "o ineglobável". "O Outro é realmente outro em relação a um termo cuja essência é permanecer no ponto de partida, servir de entrada na relação, ser o Mesmo, não relativa, mas absolutamente."[59] O Outro não é um tema entre outros, mas um operador do qual Lévinas se vale para fazer uma torção no campo da filosofia: o ponto de apoio que encontrou para sustentar a posição de uma ética fundada no ser-antes do mesmo foi, como lembra Alain Badiou, a Lei judaica,[60] que se arraiga no imediatismo de uma abertura ao Outro.

Em seu livro, *Ética, um ensaio sobre a consciência do mal*, Badiou enfatiza que o surgimento da "ética da diferença" como "ética do outro" decorre mais das teses levinasianas do que do pensamento de Kant. Para Badiou foi Lévinas quem despertou o "entendimento da alteridade" no coração da identidade do logos filosófico, que, "cativa de sua origem grega, subordinou o pensamento à lógica do Mesmo, ao primado da substância e da identidade."[61] Sem jamais abandonar o terreno do rigor e do esforço lógico da filosofia ocidental, Lévinas desejou fazer ressoar dentro dela uma palavra vinda de outro lugar – da esteira da Bíblia hebraica e dos mestres talmúdicos. Distanciando-se dos gregos, que pensavam a ética a partir do conhecimento, onde o mal era um fato de ignorância e o bem aquele do conhecer, Lévinas foi buscar na tradição hebraica subsídios para a idéia de que a ética seria a "fratura da preocupação consigo próprio – do ego – pela interpelação do rosto de outrem."[62]

O *rosto* é definido por Lévinas como aquilo que está para além de qualquer imagem e de qualquer saber pois ele se traduz como significação sem contexto. O acesso ao rosto é, no primeiro momento, ético: o *rosto do outro* resiste a qualquer dominação: apenas expõe a mortalidade e impõe ao sujeito *responsabilidade*, que para Lévinas se constitui na "estrutura essencial, primeira, fundamental, da subjetividade".[63] É que a *responsabilidade por outrem* emerge da obediência da interdição do assassinato, ou, o que dá no mesmo, da obrigação do sujeito em manter o outro vivo. *Outrem* é a categoria levinasiana que indica o regime do que não é semelhante: Em *Totalidade e infinito*, a idéia essencial é de que "Outrem é o absolutamente Outro: a coletividade em que eu digo 'tu' ou 'nós' não é plural do 'eu'", isto é, Outrem é diferença: "o absolutamente Outro é Outrem; não faz número comigo."[64] E contra a esterilidade da ontologia identitária do Mesmo, Lévinas procura transmitir aos filósofos contemporâneos *o apelo ao outro*, a única resistência possível contra qualquer ideal hegemônico e igualitário.

O pensamento de Lévinas revela-se particularmente importante para este trabalho não apenas pelo que ele traz de enriquecimento à leitura do judaísmo, mas também pela via de um encontro possível entre esse pensamento e a psicanálise. Tal conjunção, já manifesta por alguns autores, é bastante esclarecedora e orienta o propósito deste livro. No texto já citado de Assoun, a instância discursiva do Outro, introduzida por Lacan na psicanálise, está bem próxima do Outro levinasiano. O autor atribuía a Lévinas a entrada do Outro na ética, e a Lacan a promulgação do Outro na psicanálise".[65] Pode-se concordar com Assoun quando ele diz que Freud não teve necessidade, na produção de sua teoria, de designar uma instância discursiva do Outro, mas é preciso contrapor que nem por isso deixou de atrelar a psicanálise à presença da inquietante estranheza: o próprio descentramento do "saber do inconsciente" e de sua condição de possibilidade, a pulsão, instalou o lugar inexpugnável da alteridade no campo psicanalítico.

A paixão pelo estranho, pelo inassimilável, é algo que se impõe na obra de Freud como na de Lévinas: os escritos de ambos são freqüentados por uma exterioridade que se arraiga no imediatismo da abertura ao conhecido-desconhecido, o *Unheimlich*, no dizer de Freud; ou, como escreve Lévinas, o "estrangeiro que perturba aquele que está em sua casa".[66] Se nas estratégias de Freud para a criação e afirmação da psicanálise fica clara sua demanda de separação e de distância da maioria compacta, que se traduz, ao longo de sua vida e de sua obra, por um *desejo de diferença*, no pensamento de Lévinas sobressai o desapego ao idêntico, ou melhor, revela-se o desejo de uma *luta incansável pelo outro*.

É fato sabido que questões da psicanálise, especialmente a da interpretação atraíram o interesse de Lacan pelo judaísmo. Em várias passagens deste livro se terá oportunidade de mostrar o modo como ele se serve da tradição judaica de leitura, e as aproximações que faz entre esta e a interpretação psicanalítica. A título de um breve mapeamento, aborda-se aqui apenas alguns tópicos mais centrais, que serão aprofundados mais adiante.

Desenvolvendo uma profunda reflexão sobre os destinos da psicanálise e do desejo do analista, Lacan, em seu sétimo seminário, *A ética da psicaná-*

lise, faz indicações precisas sobre as origens da ciência moderna: "a ciência, a que nasceu de Galileu, só conseguirá se desenvolver a partir da ideologia bíblica, judaica, e não da filosofia antiga e da perspectiva aristotélica."[67] Com base na leitura desse seminário, e comentando particularmente essa passagem, J.-C. Milner observa: "Aqui surge a diferença que separa Kojève de Lacan: o primeiro atribui ao cristianismo, e mais especialmente ao dogma da Encarnação ... um papel decisivo na emergência da ciência: ora, esse dogma é justamente o que separa o cristianismo do judaísmo; Lacan atribui um papel decisivo ao judaísmo e ao que resta, no cristianismo, do judaísmo – a saber, justamente a letra."[68]

Ora, se é possível concordar com a leitura de Milner sobre o destaque que Lacan outorgou à função da letra – enquanto aquilo que não há como fixar, conter numa significação ou numa imagem – no desenvolvimento da ciência, compreende-se melhor a relação que ele, também, estabelece entre o dispositivo de leitura judaica e o dispositivo de interpretação psicanalítica. É que ele detecta que, nos dois dispositivos, o apego à letra tem como efeito a prática de leitura que possibilita ao sujeito dizer algo que vem de um outro lugar.

Assim, quando se deparou com os impasses da simbolização da pulsão precisou inserir o discurso analítico no campo da ética[69] – sem, no entanto, deixar de buscar na matemática e na topologia subsídios para pensá-lo –, foi na tradição da leitura talmúdica que Lacan encontrou referências para pensar o modelo de transmissão da descoberta freudiana. Não cabe antecipar o detalhamento da interpretação do Texto na cultura judaica, assunto abordado no capítulo V. Apenas basta salientar que trata-se de uma leitura que privilegia o perscrutar do absolutamente estranho, o inassimilável ao pensamento qualificado da tradição aristotélica.

Em outro momento, quando avança na elaboração de sua teoria sobre a entrada em análise e o seu fim, situando entre ambos a prevalência do saber textual, Lacan conclui que, para além do término de sua análise, o analista deve poder levar às últimas conseqüências a arte de ler as letras e apropriar-se do texto. É então que remete os psicanalistas ao Talmude, em referência à ordem ética que sustenta um para-além das intenções meramente exegéticas da leitura: "o judeu ... é aquele que sabe ler, isto é: da letra, ele toma distância de sua palavra, encontrando lá o intervalo, até fazer aí uma interpretação."[70]

Finalmente, em 1978, Lacan expôs, na Escola Freudiana de Paris, o texto "Transmissão e Talmude", em que voltava a associar o significante *judeu* àquele que sabe ler e – o que é mais relevante – ao ateu, nisso aproximando-se de Lévinas. Cabe aqui adiantar um paradoxo: o judaísmo exige de seu intérprete, o talmudista, a posição de ateu, isto é, de alguém que não impeça o advento da palavra, transformando o Texto num novo "bezerro de ouro".

E é a partir daquilo que se extrai de ateísmo do pensamento judeu que Lacan vai dizer que "a história do judaísmo testemunha ao menos isto: que alguém como Freud sinta-se pertencendo ao povo judeu, sem ser religioso".[71] Eis que nesse aspecto, a leitura de Lacan difere inteiramente, por exemplo, da de Gay e de Mezan, que vêem no ateísmo de Freud apenas os efeitos do Século das Luzes: na relação com o texto, com o pensamento, o ateísmo de Freud é já sistematicamente judaico.

III.

O Exílio e o Estranho

Se não tivermos sido estrangeiros alhures,
temos de descobrir nosso Egito.
Nossa "estrangeiridade" simbólica.
Paul Ricoeur

Quando ele próprio se perguntava ou quando lhe indagavam sobre sua identidade judaica, Freud sempre optou por responder pela retórica do incontido na significação – embora se reconhecesse como judeu no fato de estar constantemente disposto a travar uma luta perpétua com a "maioria maciça" e "homogeneizada",[1] fosse ela externa ou interna ao próprio judaísmo, paradoxalmente sustentava ser da ordem do impossível definir tal identidade. Mesmo porque defini-la envolveria negar suas próprias percepções sobre o logro de qualquer identidade. Pode-se dizer que Freud inventou uma maneira absolutamente singular de praticar e demonstrar que tipo de judeu ele era, inclassificável dentro daquilo que, em seu tempo, e ainda no nosso, chama-se de judaísmo. Esse traço fundamentalmente positivo na construção de sua judeidade teve participação direta na invenção da psicanálise, quer sob o aspecto da marginalidade social de seu inventor, de onde o próprio Freud dizia poder sustentar melhor as resistências à psicanálise, quer sob a forma de um devir-judeu.

Devir, de acordo com Gilles Deleuze ao longo de sua obra, designa uma realidade processual e não simplesmente um processo de transformação de alguma coisa em outra que alcança uma realidade estática, um ser final, regido pelo princípio de identidade e sinônimo de objetividade e presença. Devir implica na quebra de modelos, arrastando o sujeito por caminhos desconhecidos, caso ele consinta em segui-los. Trata-se de um processo que tem existência real, pois não é uma imitação imaginária, nem tampouco de uma analogia simbólica, mas está ligado a uma expressividade singular e única. Por exemplo, o *devir-mulher* implica a noção da impossibilidade de um ser final, pois não há a mulher na qual o sujeito se transforme, mesmo quando se é mulher. No devir-judeu, também se coloca a impossibilidade do ser judeu, pois aquilo que se coloca é o devir e não o judeu; ação que leva o sujeito a desafiar qualquer sentido do idêntico e reinventar-se outro.

Voltando a Freud, como se lê no prefácio à edição hebraica de *Totem e tabu*, depois de afirmar-se alheio à religião de seus pais, bem como a todo e qualquer ideal nacionalista judaico, sem que isto implicasse negar seu pertencimento ao povo judeu, ele endereça a um interlocutor imaginário uma pergunta cuja resposta traduz a idéia de uma impossibilidade de definir uma identidade, uma "natureza essencial" judaica. "Caso lhe formulassem a pergunta – 'Desde que abandonou todas essas características comuns ao seu povo, o que lhe resta de judeu?', responderia: 'uma parte muito grande e, provavelmente, a própria essência, mas um dia, sem dúvida ela se tornará acessível à mente científica.'"[2] Justamente, tal "essência" nele permaneceu, conforme confidenciou a colegas, "o suficiente para tornar irresistível a atração do judaísmo e dos judeus, para fortalecer muitas forças sombrias emocionais, por pouco que elas fossem expressáveis por palavras".[3]

É interessante observar nesses dois pequenos trechos que, se Freud sabe designar com precisão o ponto de corte que faz com o judaísmo, por outro lado, faltam-lhe palavras para falar de uma marca que o interroga e o acossa. Uma das declarações mais contundentes sobre o processo de sua experiência-limite com o "conhecido-desconhecido" encontra-se numa carta que enviou a Barbara Low, por ocasião da morte de seu amigo e colega David Edler: "Posso facilmente imaginar como ele também deve ter sofrido com o amargor de nosso tempo. Éramos ambos judeus e sabíamos mutuamente que carregávamos em comum essa coisa milagrosa que – até agora inacessível a qualquer análise – faz o judeu."[4] Curioso argumento que obedece à lógica de uma presença invisível e indizível, para além de qualquer representação, e que se apresenta ao sujeito de formas múltiplas e plurais. É como se fosse possível surpreender em Freud um para-além da identidade judaica, isto é, uma judeidade infigurável e inominável, que se traduz pela busca permanente de um outro em si mesmo. Dito de outro modo, a expressão da judeidade de Freud foi seu êxodo permanente de uma identidade fixa e imutável, espelhada em qualquer mimética religiosa e política.

Com efeito, na construção de sua judeidade, Freud fazia-se acompanhar da luta contra a força coercitiva dos vínculos e modelos que geram a intolerância em qualquer comunidade: a religiosidade vivida como idolatria, isto é, a impossibilidade de se reinventar como judeu e assim deixar de poder sê-lo de novo, uma vez ainda, num processo infindável, num devir. O evitar deste movimento era considerado por Freud como uma conseqüência de efeitos maléficos do dogmatismo religioso.[5] Assim, se a sua admirada reflexão sobre o enigma de sua condição judaica permitia-lhe reconhecer-se "como um judeu que nunca repudiara o judaísmo",[6] por outro lado a religiosidade, o nacionalismo, enfim, tudo o que impede o sujeito de lançar-se ao desconhecido, produziram nele um efeito negativo e, por isso mesmo, completamente rechaçados. Freud deixava bastante claro que o reconhecer-se no povo do qual sabia-se originário não o privava de constatar que pesavam sobre o judaísmo, por mais forte que nele se houvesse desenvolvido o progresso espiritual, o logro e os perigos da religiosidade.

É precisamente a insistência de alguma coisa que está para além da religião que faz com que Freud se possa dizer ateu, agnóstico e judeu. É também esta mesma insistência que permite, por exemplo, a Isaac Bashevis Singer, no final do romance *O solar*, dizer através de uma de suas personagens: "Posso negar a existência de Deus, mas não posso deixar de ser judeu, por mais contraditórias e estranhas que sejam essas palavras."[7] Esse é o ponto onde a judeidade pode transcender a religião: *na autonomia do sujeito frente a heteronomia da lei.* Para a psicanálise, a crença religiosa é expressão contrária a este movimento: ela carreia no sujeito uma resistência à apropriação singular dos significantes de uma história que deve sempre ser refeita e inventada para que surja o novo.

Se a crítica de Freud ao judaísmo pode ser identificada como sinal de profunda infidelidade à religião de seus pais, por outro lado não se deve por isso perder de vista que Freud mostrou enraizada adesão à ética judaica como prática milenar de outridade. Pode-se dizer que Freud aproxima-se daqueles que exercem e pensam o judaísmo como uma ética, um movimento diante da vida e do inesperado. E, nesse sentido, criou condições para entrar e sair constantemente da comunidade judaica num processo que teve um ponto de partida, mas que não se deixou encerrar num ponto de chegada.

Nos escritos de Derrida – para quem, como se disse, os desconfortos da errância judaica são uma alegoria do próprio movimento da escrita – a judeidade impõe-se como expressão de um vir-a-ser. Diz o filósofo que na não-coincidência de si consigo mesmo "o judeu acaba por se fazer mais judeu e menos judeu do que o Judeu". E acrescentou: "a identidade do Judeu consigo mesmo talvez não exista. Judeu seria o outro nome dessa impossibilidade dele ser ele próprio."[8] Os escritos e poemas de Edmond Jabès, revelam-se também bastante contundentes quanto ao devir-judeu. O poeta, em "Judaísmo e escritura", pergunta "O que me autoriza a me considerar judeu?",[9] sem entretanto responder à questão. É que esta sustenta a prática de um certo judaísmo que se faz na experiência de escritura, onde o escrever-se judeu "estraga-se" na própria representação. Também os escritos de Lévinas expressam o que ele próprio confessa. Diz o filósofo que aquilo que o marca como judeu é a impossibilidade de se dizer sempre o "mesmo".[10] Entre nós, verifica-se na escrita do psicanalista Chaim Katz a mesma inquietude: "o judaísmo se marca pelo inacabamento".[11] Esse devir-judeu no seio do próprio judaísmo, que é antes afirmação de uma judeidade singular do que referência a uma qualquer identidade coletiva, pode ser associado, numa perspectiva deleuziana, a um *devir-mulher* da própria mulher, como também a um *devir-negro* do próprio negro.[12]

Em todos os escritores citados acima, o judaísmo impõe o exercício de devir-outro. Em seus testemunhos, a judeidade sobressai *como um dos nomes do não-idêntico,* o que não se define por nenhuma propriedade, exceto aquela que será dita no devir. Não seria difícil encontrar declarações do mesmo teor dadas pelo próprio Freud – várias delas nas próprias páginas deste livro –, que tantas vezes manifestou-se sobre sua judeidade em diferentes momentos de uma vida dedicada a pensar rigorosamente o não-idêntico.

Na modernidade, sabe-se que a psicanálise cria, a rigor, condições para que o sujeito venha a experimentar o que lhe é estranho; dito de outro modo: a invenção freudiana opera uma separação radical do sujeito com relação ao idêntico, a qual termina por conduzi-lo a uma experiência que Juan-David Nasio chamou de "exílio". "Não hesitaríamos em afirmar que a psicanálise deve criar uma separação radical, uma perda essencial reorganizadora da realidade psíquica do sujeito, uma perda que chamei de exílio."[13] Esse exílio consiste em fazer o sujeito buscar – nos desconfortos da repetição e na desconstrução paulatina da própria idolatria (narcisismo do eu e mandatos do supereu) – o encontro com o que há de mais estranho a ele próprio, o face a face com o desconhecido, que envolve o risco de encontro com o impessoal da força pulsional sempre errante, força de todos os tempos e de todos os homens. Experimentar o exílio analítico é, então, uma aprendizagem de alteridade: permite ao sujeito buscar pela palavra uma designação para aquilo que, vindo de fora, está nele mesmo, embora lhe seja estranho.

O próprio instrumento clínico da associação livre se traduz como um aprendizado de alteridade, na medida em que institui a fala como um movimento de romper com o mesmo. Pois falar é, como descreve Blanchot, "em definitivo, procurar a fonte do sentido no prefixo que as palavras exílio, êxodo, existência, exterioridade e estrangeiridade têm por tarefa desdobrar em modos diversos de experiências, prefixo que nos designa a diferença e a separação como a origem de qualquer valor positivo".[14]

Neste ponto, deve-se fazer uma pausa e examinar mais de perto, as marcas de estrangeiridade, de exílio, de errância, e de êxodo no Livro dos livros. A intenção é tentar estabelecer um vínculo entre o reconhecimento que Freud fez sobre a influência da Bíblia em sua formação. A questão que se coloca aqui formula-se nos seguintes termos: em que estas marcas se atualizam na experiência analítica? De que outra maneira o discurso freudiano se inscreve na modernidade pelo viés do conceito do desejo, se não na errância do sujeito que nunca termina de atravessar os caminhos de sua libido?

Êxodo, ruptura, transgressão: Abraão e Ruth

A Bíblia hebraica consigna uma importância capital à condição de estrangeiro do homem: "Não falsificarás o julgamento do estrangeiro, do órfão, e não atentarás contra as vestes da viúva. E te lembrarás de que foste escravo no Egito. Eis por que te ordeno respeitar o estrangeiro" (Deuteronômio, 24:17). Estruturalmente, algumas das narrativas da Bíblia hebraica dão a impressão de que o nomadismo, tão característico da sociologia bíblica, bem como da ética da Torá, não é outra coisa senão a expressão permanente de uma marca identificatória e de seu múltiplo e infinito devir. Essa característica é enfatizada pelo filósofo Bernard Dov Hercenberg em *O exílio e o poder de Israel e do mundo*, onde mostra que aquilo que chama atenção no Antigo Testamento não é apenas a precedência de uma experiência nômade sobre a da sedentarização, mas sobretudo o prolongamento da errância pelo deserto e a retomada de um êxodo sempre refeito.

É nesse contexto que Hercenberg situa a história de Abraão, o patriarca dos hebreus e de sua Aliança com YHVH, o Estrangeiro dos estrangeiros. Abraão, que na língua hebraica significa o "pai da multidão", inicia, conforme uma antiga interpretação talmúdica, uma luta antiidolátrica contra a civilização de Assur. Abraão torna-se um estrangeiro quando sai da casa de seus pais e exila-se de Ur, sua terra natal. Homem do duplo afastamento, cultural e geográfico, afasta-se das imagens de sua cultura original quebrando os ídolos; com seu exílio voluntário, afasta-se, na distância geográfica, pela errância no deserto. E são esse os movimentos indissociáveis vinculados ao projeto de devir.

Em relação ao exílio, a história de Abraão difere dos primeiros passos do homem bíblico: a expulsão de Adão e Eva do paraíso, a maldição exílica de Caim ou o exílio da geração de Babel são semelhantes ao exílio de Édipo, que, depois de haver reconhecido seus crimes – incesto e parricídio –, foi expulso da cidade de Tebas. Todos estes sofrem o exílio como punição por suas infrações a interditos. Há um elemento, tanto no mito grego quanto nessas histórias bíblicas, de inquietação persecutória sobre um ato de violência que gerou o exílio. Abraão inaugura uma noção do exílio que não está referida à punição, mas que é partida do "ser em face de si mesmo", segundo a expressão Hercenberg: partida de "alguém que, munido de sua experiência da liberdade e da oposição, integra-a a algo que a ultrapassa. A Abraão, Deus não diz somente 'Vai', mas 'Vai para ti'".[15]

O êxodo de Abraão, uma vez iniciado, tornou-se uma aprendizagem de Alteridade, isto é, uma experiência de diferenças. É nesse sentido que, aos olhos de Lévinas, a saída dessa figura bíblica opõe-se à complacência do Mesmo, pois é um exílio dirigido ao Outro, o que implica na possibilidade de retorno.[16] Partir: eis a ética que se depreende do versículo bíblico que anuncia o futuro. "E o Eterno disse a Abraão:" Sai de teu país e de teu lugar de nascimento e da casa de teu pai, para o país que te mostrarei" (Gênesis, 12:1). Essa promessa, selada sob a forma de uma Aliança, anunciava ao patriarca e à sua posterioridade um nome, o nome de *hebreus,* que, num tempo futuro, habitariam a Terra Prometida, onde, conforme os versos bíblicos, jorravam o leite e o mel: "Eu farei de ti um grande povo, eu te abençoarei, engrandecerei teu nome (Gênesis, 12:2). Abrãao é também o primeiro homem bíblico a escutar a palavra *estrangeiro*: "*Sabe com certeza que seus descendentes serão estrangeiros, numa terra que não será deles*" (Gênesis, 15:13).

Os termos da língua hebraica que designam o homem e sua língua são: *ivri* e *ivrit*. O hebreu, em sua significação etimológica, é um ser de passagem (*laavor*), de ruptura (*averá*), de transgressão (*avera*) e de transmissão (*ouvar*) – todas palavras provindas da raiz IVR (*ain, beit, reish*). A palavra *ivrit* se traduz igualmente como "o migrante", não sendo a migração por si mesma nem maldição, nem bênção, mas unicamente vocação específica deste povo, anterior à construção de qualquer pátria ou unidade nacional. Assim, a experiência de errância do povo hebreu, que precedeu à do exílio na Diáspora, foi a condição para que se cumprisse o pacto da Aliança, e aquele apenas perpetuou a errância, a vivência daquilo que não é idêntico a si mesmo. O hebreu é um ser de passagem, aquele que migra e que transgride. Para se ter uma idéia mais precisa da extensão da condição de exílio na história do povo da Aliança, nada melhor que as palavras de Blanchot:

> Há uma verdade do exílio, há uma vocação do exílio, e se ser judeu é estar fadado à dispersão, é porque a dispersão, assim como conclama a uma estada sem lugar, assim como arruína toda relação fixa do poder com um indivíduo, um grupo ou um Estado, implica também, diante da exigência do Todo, uma outra exigência e, finalmente, proíbe a tentação da Unidade-Identidade.[17]

Na língua hebraica, a ausência de conjugação do verbo "ser" no presente rebate a idéia de transitoriedade embutida na própria raiz da palavra que diz o hebreu. Apenas o passado e o futuro são conjugados, e por isso o homem não "*é*", mas se enuncia sempre como aquele que foi e aquele que será. Quando se lê a Bíblia, percebe-se que o homem bíblico mede e exprime o tempo em relação ao acabado e ao inacabado: o que ele viu (passado) e o que ele não vê, porque não está acabado (futuro). Em referência a esta modalidade de apreensão do tempo, lembra André Chourraki que Paul Valéry disse: "o homem entra no futuro recuando".[18] Para o hebreu, existir é devir.

A Bíblia conta que mesmo tendo chegando a Canaã, região que fora prometida a ele e a seus descendentes, Abraão permanecerá, fundamentalmente, estranho àquele lugar: quando morre sua mulher, Sara, decide comprar a caverna de Macpelá para ser o local de sepultamento dela e mais tarde dele próprio. É como um estrangeiro que ele se apresenta aos donos da terra :"No meio de vós sou um estrangeiro e residente. Concedei-me uma posse funerária, entre vós, para que leve meu morto e o enterre" (Gênesis, 23:3). A frase de Abraão não deixa de conter uma ambigüidade reveladora da estranheza intrínseca a uma cultura fundada no ato de fé de um homem que se alheou de seu próprio povo (os caldeus de Ur) para tornar-se para sempre um alienígena, um eterno estrangeiro. Esta estranheza se repete, insistentemente, ao longo dos séculos, na história de êxodos permanentes do povo judeu: ela designa que, para o povo hebreu, a verdade do começo encontra-se fundada na separação.[19]

Em *O povo eleito e a eleição de estranheza*, Julia Kristeva sugere que há, na repetição infindável da errância e do nomadismo do povo judeu, um reforço da Aliança, na medida em que nela prevalece a própria lógica da eleição da estranheza – "tornar-se judeu" – intrínseca ao pacto entre YHVH e seu povo. A autora destaca, com muita propriedade, que a Bíblia hebraica está repleta de passagens que reafirmam a presença insistente da figura do estrangeiro nos mitos e leis do povo judeu. Num rigoroso inventário, Kristeva apresenta inúmeros paradoxos e contradições dessa figura do estrangeiro que se desloca em vários textos do Livro. Assim, enquanto certas passagens bíblicas afirmam a exclusão do outro – "Estabelecerei minha aliança contigo", diz Javé a Abraão, "e com tua raça depois de ti." (Gênesis, 17:7) – outras passagens, sob a forma de mandamento, exigem consideração para com o desconhecido, em nome da memória do exílio do povo eleito: "Não ofendereis o estrangeiro, nem o oprimireis, pois fostes estrangeiros nas terras do Egito" (Êxodo, 22:21). Estas contradições, bastante acentuadas no texto bíblico, não são intransponíveis, já que a própria Aliança que assegura uma identidade comporta a idéia de estranhamento que dilui as certezas do mesmo: "Por mais exclusivista que seja, e mesmo justificando tal exclusivismo com os delitos morais dos amaldiçoados, a Aliança do povo judeu com o seu Deus não resulta de um favoritismo, mas de uma escolha decorrente da prova, o que implica que, ininterruptamente ameaçada, ela continua sempre a ser conquistada e permanece objeto de um aperfeiçoamento constante dos eleitos".[20]

A submissão à Lei de um Deus irrepresentável exige a conquista permanente do sempre movente lugar de eleito: "A terra toda é minha, porque vocês são estrangeiros e hóspedes perante mim" (Levitíco, 25, 26). E a Aliança (*Brit*), que, como já se viu, em hebraico significa "cortar", só existe porque justamente se faz entre partes fundamentalmente dissociadas. A Aliança "é a contradição que há, na reunião do que está fundamentalmente dissociado"[21] e exige, de ambas as partes, a pontualidade inevitável de suas trocas: desconstruções de fronteiras para buscar, no exterior, no "fora de", no "exílio", a diferença, desde que o traço da inabalável fé no incognoscível seja preservado.

Guerr, um dos termos hebreus para estrangeiro, encontra, no *Livro de Ruth*, o sentido de um personagem privilegiado, uma espécie de eleito a partir do mandamento bíblico de "amar o estrangeiro": "E vós o amareis como a vós mesmos, porque fostes já estrangeiros no Egito" (Levítico, 19:34). A história de Ruth inicia-se com a saída da família de Emilec da Judéia, em tempos de penúria, para instalar-se em um reino estrangeiro, Moab. Despertado em sua ira por esta migração, Deus enviou o anjo da morte a Emilec e a seus descendentes homens, poupando do castigo Noemi apenas, sua mulher, Ruth e Orfa, as moabitas que haviam desposado seus filhos. Ruth escolheu deixar Moab e acompanhar a sogra em sua decisão de voltar a Belém: a imigração de Emilec encontrará assim, na alteridade feminina de Ruth, seu paradeiro final. Ao chegar à Terra Prometida, Ruth submete-se à lei do levirato: torna-se esposa de Booz, parente próximo de seu falecido esposo, e desta união concebe um filho. Com isto, ganhou o direito de entrar para a história judaica como ancestral do rei Davi, de cuja linhagem nascerá o Messias.

Habitante da "outra cena", aquela que denuncia que não há completude e nem harmonia mesmo quando se é o eleito de Deus, Ruth subjaz ao que existe de mais exterior e de mais íntimo no povo de Israel. Um exame minucioso desse episódio bíblico mostra também a presença de um ato de transgressão nos fundamentos da realeza do povo eleito: a Bíblia conta que Ruth é descendente direta de um incesto. Quando Sodoma foi destruída, Loth e suas filhas mantiveram relações incestuosas porque julgavam-se os únicos sobreviventes do mundo. Dessa transgressão nasceu Moab, que significa "saído do pai" e de quem Ruth é descendente direta. Mas o relato bíblico da história dessa personagem está longe de encorajar o desvio. A palavra transgressão em hebraico constrói-se com as "mesmas três letras que descrevem a hebraicidade em expressões como, 'Abrãao, o hebreu' ou 'Moisés, o hebreu'";[22] e tem significações contrárias como, por sinal, a maior parte das palavras de uma língua primitiva. Assim, se transgredir significa a atuação daquele que infringe a lei, ela também designa o ato de ir além: a história da moabita sugere que a Aliança subordina o sujeito à ética da reabsorção não apenas do estrangeiro, mas também da transgressão e do desvio, desde que se possa subordiná-los ao desígnio global de buscar, na diferença, a contribuição do outro. O Livro de Ruth é uma narrativa insólita, no sentido freudiano: para além de indicar uma dinâmica de reabsorção do outro pela condição de estrangeiro que funda a Aliança, ele incorpora a transgressão e o desvio subordinando-os ao desígnio global de procurar, na diferença, a fertilidade do outro, conforme as agudas observações de Kristeva.

Nas histórias de Abraão e de Ruth há uma recusa da exigência de totalidade. Os atos de errância, exílio, nomadismo, emigração, regresso e solidão, de acordo com Lévinas em *Ética e o infinito*, designam uma abertura radical e primeira ao Outro, ontologicamente anterior a qualquer identidade. Essa tradição hebraica de confronto com o estranho se prolonga no exílio milenar da diáspora, expressando-se no discurso de um certo judaísmo da atualidade que procura traduzir a heteronomia da lei da Aliança – devir-judeu – na autonomia de inventar-se na multiplicidade.

A LUTA DE JACÓ COM O ANJO

Uma arqueologia, indicada por Julia Kristeva, sobre a reabilitação da noção de estranho na teoria freudiana anuncia que, se a filiação de Freud ao romantismo alemão foi importante em seu desenvolvimento intelectual – e um bom exemplo disso é justamente a participação do conto *O homem da areia*, do escritor romântico Hoffmann, na escrita de "Das Unheimliche" –, a insistência do Antigo Testamento em fazer revelar um "Deus estrangeiro ou um Estrangeiro capaz de revelar Deus"[23] foi igualmente fundamental na elaboração do *Unheimliche* como lugar da análise.[24]

Reúne-se aos significantes bíblicos a história pessoal de Freud que, como judeu errante desde a polonesa Galícia a Londres, passando pela diáspora vienense, vai "condicionar essa preocupação de enfrentar a inquietação do outro enquanto mal-estar a partir de uma permanência da 'outra cena' em nós".[25] Se a condição de estrangeiro, de inassimilável, do judeu não causava espécie a Freud, optar pela "cidadania" desta "terra de asilo interior que cada um contém em si mesmo"[26] – o inconsciente – decerto ajudou-o a reiterar sua convicção da inutilidade do apagamento das diferenças e dos riscos desta em apagar a dimensão de estrangeiro que se encontra na arqueologia de nossa memória. Um deus inquietante, do qual ficam proibidas quaisquer representações e nomeações, sugerirá igualmente, como se verá a seguir, os termos de uma exposição sobre o estranho.

"A inquietante estranheza" é a tradução mais adequada para o título do ensaio "Das Unheimliche", escrito em 1919 e no qual Freud desenvolve a idéia de que há uma estranheza intrínseca ao sujeito. O estudo semântico do termo alemão "*unheimlich*" conduz o leitor ao encontro de contrários. *Heimlich* designa o que é familiar, mas também avança em direção a seu antônimo: *unheimlich*, estranho. Freud procurou manter-se fiel à sua pesquisa semântica: o estranho é a verdade assustadora do sujeito, que remonta ao que há muito lhe é conhecido e familiar: o desamparo. O estranho designa aquilo que, sendo a um só tempo o mais exterior e o mais íntimo, não se conjuga com a transparência; ao contrário, só se diz na angústia e no horror opaco de seu retorno: o face a face com o que não tem nome, o que está para além da fantasia. E conforme Lacan demonstra em seu seminário *Angústia*, o afeto do sujeito do inconsciente, que aflora quando o eu é confrontado com o Estranho, é a angústia.

O estranho da ficção – da fantasia e da criação literária – é, segundo o próprio Freud, o meio mais real e portanto o mais rico pelo qual se manifesta a inquietante estranheza. E não é por outro motivo que Freud busca ampla inspiração num conto de Hoffmann sobre um homem de areia, a ambígua figura do visitante "conhecido-desconhecido" (*heimlich-unheimlich*) que, no escuro da noite, deposita grãozinhos de areia nos olhos da criança quando só, depois que a mãe a colocou para dormir e se afastou.

Há muito se reconheceu, em algumas das histórias bíblicas, que o diálogo do homem com seu Deus é uma bela metáfora para falar do encontro do sujeito com o Incognoscível:

> E Jacó foi deixado só, e alguém lutou com ele até o surgir da aurora. Quando viu que não sobrepujava Jacó, esse alguém atingiu-o no encaixe da coxa. Ele disse: "deixe-me ir, pois já rompeu o dia." Mas Jacó respondeu: "Eu não te deixarei se não me abençoares." Ele lhe perguntou: "Qual é o teu nome?" – "Jacó", respondeu. Ele retomou: "Não te chamarás mais Jacó, mas Israel, porque foste forte contra Deus e contra os homens, e prevaleceste. (Gênesis, 32:25-30).

Um comentário talmudico diz que na luta do desfiladeiro de Peniel acontece uma passagem, pela qual Jacó, em sua solidão, torna-se outro. A bênção divina, a atribuição de um outro nome a Jacó (*equev* significa calcanhar, o que está em contato com a terra) e a seus futuros descendentes, expresso simbolicamente no nome Israel (*yachar-el* significa direto, reto para Deus), é, justamente, o momento em que Jacó/Israel, desenraizado, sem "os pés na terra", passa a se endereçar, diretamente, àquilo que está para além da idolatria do lugar, da morada e do ser, lá onde se choca com a inquietude do desconhecido. Conforme a leitura de Lévinas, em *Quatro leituras talmúdicas*, a "retidão" de Jacó ao receber o nome Israel nomeia "o que é mais forte que a morte ... a urgência de um destino que leva a outrem e não um eterno retorno sobre si".[27] De modo que a "passagem" de Jacó a Israel é signo de uma "identidade" que, situada mais além do idêntico, traduz-se como movimento de retidão absoluta para Outro e delineia-se numa configuração ética que implica, necessariamente, a relação com Outrem.

Mas quem é Outrem? A pergunta é de Blanchot, em quem se procura a resposta. Ele faz notar que, pouco depois da luta com o Estrangeiro, Jacó reencontra seu irmão Esaú e lhe diz: "... Eu vi seu rosto como se vê o rosto de Deus." O que há de notável nesta frase, diz Blanchot, é que Jacó não diz a Esaú "Eu acabo de ver Deus como te vejo", mas "Eu te vejo como se vê Deus". Isso confirma a maravilha da presença humana, esta Presença Outra que é Outrem, não menos inacessível, separado e distante que o próprio Invisível, o que confirma igualmente o que há de terrível nesse encontro cujo resultado só pode ser o reconhecimento ou a morte. Quem vê Deus corre perigo de morrer. Quem encontra Outrem apenas pode se dirigir a ele pela violência mortal ou pelo dom da palavra em seu acolhimento."[28]

Em sua incessante luta pela bênção, diz a tradição que aquilo que possibilitou a Jacó suportar a violência mortal do Estrangeiro foi o dom da palavra, garantia da transmissão da Torá, a "herança da comunidade de Jacó" (Deuteronômio, 32:25).[29] Justamente, no face a face com Outrem, a palavra é o instrumento de combate do homem que, com todo o seu poder de criação e de subjetividade, luta contra a rede de fatalidades, o que lhe é superior.

É nesse sentido que Harold Bloom, no seu empenho em desvendar alguns mitos desde a Bíblia até nossos dias, diz que Jacó é a personagem mais judaica do Livro: "Em todos os sentidos, Jacó significa sobretudo *mais vida*."[30] Para o crítico literário, esse espírito de luta pela vida encontrado no episódio bíblico de Jacó é, por excelência, o sentido de uma conhecida máxima de Spinoza: "A sabedoria não é meditação sobre a morte, mas sobre a vida." A leitura de Bloom sugere que o judaísmo se diferencia de outras religiões justamente pela falta de meditação sobre a morte. Um argumento semelhante se encontra também em Freud. Em uma conferência sob o título "Nós e a morte", ao apresentar sua tese sobre a irrepresentabilidade da morte, ele chama a atenção para o fato de que, na Bíblia hebraica, todas as narrativas são voltadas para a vida: "É muito curioso que nossas Escrituras não tenham levado nem um pouco em conta essa necessidade do homem de ter uma garantia da continuação de sua existência (depois da morte). Diz, ao contrário: *Só os vivos louvam a Deus*."[31] O que Freud caracterizou nesse texto como singular no judaísmo, é que ao privilegiar a vida como forma de enfrentar o desamparo, a religião judaica deixa de produzir ilusões sobre a vida após a morte. Isso trouxe conseqüências dramáticas ao povo judeu, sobre as quais se refletirá um pouco mais adiante.

O *ethos* de Jacó é tomado por Freud como modelo para falar de sua própria luta com as vicissitudes do objeto da psicanálise. Em *Mais além do princípio de prazer*, evoca o destino desse personagem bíblico através do grande poeta do romantismo alemão Rückert: "Ao que não podemos chegar voando, temos de chegar manquejando ..." O Livro diz-nos que não é pecado claudicar.[32] Nessa mesma passagem, Freud afirma a um interlocutor imaginário sentir-se autorizado, por sua curiosidade científica, a seguir sempre *mais além* e, até mesmo, buscar, na poesia e na crença, a verdade e o sentido. O aparente paradoxo é que ele foi buscar, na metáfora da luta de Jacó com o Anjo, um paradigma para expressar o desejo de que sua ciência não fosse tomada como um catecismo.[33] Freud surpreende. Deixa sempre o leitor perplexo diante de sua ousadia em tomar o partido da "verdade" bíblica e da poesia contra o ostracismo da ciência positiva. A pulsão de morte, conceito desenvolvido tardiamente nesse texto de 1920, revela a dimensão da existência humana como algo inatingível a qualquer conhecimento totalizante. Trata-se do conceito que, sem dúvida, garantiu à psicanálise não se fechar sobre si mesma, o que a obriga ao relacionamento permanente com a diferença: há um *sem nome* no freudismo que *não cessa de não se escrever*, o que lhe garante o devir.

Contudo, bem antes da hipótese da pulsão de morte surgir no horizonte da psicanálise, Freud escreveu a Fliess: "Quando, durante a luta, eu me via ameaçado de perder o fôlego, pedia ao anjo para abrandar, e ele me atendia. Eu não fui o mais forte e, desde então, coxeio sensivelmente. Sim, estou com 44 anos, sou um velho israelita um pouco digno de pena."[34] Freud sabe o que diz: "coxear" designa, na carta a Fliess, a alteridade de uma teoria "cozida em fogo lento", ao sabor de uma desmedida luta pulsional. Assim, a alusão do inventor da psicanálise à história bíblica traduz seu empenho, diante da interpelação do estranho, em fazer valer seu desejo de analista.[35]

O conhecido diálogo de Freud com um interlocutor imaginário, com o qual encerra-se *A psicoterapia da histeria* (1895), é o exemplo mais radical de que se dispõe para ilustrar o que se acaba de dizer:

> Repetidas vezes, tive que escutar de meus pacientes, ao prometer ajuda ou melhora por meio de um tratamento catártico, esta objeção: 'Ora, o senhor mesmo me diz que minha doença provavelmente está relacionada com as condições e peripécias de minha vida; o senhor de qualquer maneira não pode alterá-las; então, de que modo pretende ajudar-me?' E tenho podido dar esta resposta: 'Sem dúvida seria mais fácil para o destino do que para mim livrá-lo de seu sofrimento. Mas você pode vir a convencer-se de que será grande o ganho se conseguirmos transformar o seu sofrimento histérico em infelicidade comum. Com uma vida mental que foi restaurada transformando-se em saúde, você ficará melhor armado contra esta infelicidade.'"[36]

Mas, sem sombra de dúvida, a referência mais pungente que Freud faz a Jacó está na carta que escreveu a seu filho Ernst, alguns dias antes de sua partida para Londres: "Por vezes, me comparo com o velho Jacó, que seus filhos levaram, também, em idade avançada para o Egito. ... Esperamos que não se seguirá, como outrora, uma fuga para fora do Egito. Já é tempo que Ahashverus encontre descanso em alguma parte."[37] Freud, impelido por mais uma errância, por um novo exílio, em sua "Londres-Egito" faz da escrita de *Moisés e o monoteísmo* o saldo final de uma vida dedicada a defender as vicissitudes da errância e do nomadismo do desejo.

Aqui completa-se o círculo, retomando a idéia de J.-D. Nasio de que o exílio é meta de uma análise. Nasio defende sua tese afirmando que, em sua experiência, "o exilar-se de si mesmo constitui uma forma de cura".[38] Esta posição prende-se decerto à leitura que ele próprio faz da seguinte formulação freudiana relativa à ética da psicanálise: "Com efeito, seu propósito [da psicanálise] é fortalecer o eu, torná-lo mais independente do supereu, ampliar seu campo de percepção e aumentar sua organização, para que possa apropriar novas porções do isso. Onde isso estava, lá eu advirá. É um trabalho da cultura que não deixa de ter semelhanças com a drenagem do Zuiderzee."[39]

A orientação lacaniana de Nasio leva-o a traduzir o famoso aforismo de Freud *Wo Es war, soll Ich werden* (Onde isso estava, lá o eu advirá) da seguinte forma: o "eu" por "sujeito", e o termo "isso" por "a coisa mais íntima e, no entanto, a mais estranha de nosso ser"; e leva-o igualmente a formular que o encontro com o "isso" só se dá na experiência excepcional de exilar-se de si.[40] Experiência que faz nascer, para dizê-lo em termos foucaultianos, um "pensamento de fora daquele que fala",[41] pois o inconsciente revela-se mais além daquele que fala.

Não seria descabido dizer que a experiência analítica oferece um espaço aberto ao sujeito para que ele viva a aventura de exilar-se de si, de inventar-se outro, de voltar-se ao não idêntico. Aventura que se passa no estranho "país do Outro", ou seja, alhures além do semelhante, do idêntico e do espelho e que faz com que o analisando experimente desterritorializações sucessivas de uma posição subjetiva a outra. Logo, não seria igualmente descabido fazer da história do patriarca Abraão – que, desterritorializado, inicia a aventura de tornar-se outro – uma metáfora conclusiva da aventura analítica. Do lado do analista, da validação do seu desejo, uma vez convocado pela transferência a enfrentar o face a face com o Outro, nada lhe resta senão travar a cotidiana e implacável batalha de seu ofício, de onde no mínimo se sai coxeando.

ESTRANGEIROS DO EU E DO OUTRO: O *MOISÉS* DE FREUD

É impossível ignorar a tentativa de assimilação e o cosmopolitismo da maioria dos intelectuais de origem judaica que viviam e produziam em Viena no início do século XX. Conforme dito no primeiro capítulo, a *intelligentsia* judaica procurou aproveitar de diversas formas o momento político favorável para encontrar um porto seguro para o exílio inexorável e milenar do povo judeu. O amadurecimento da emancipação e os progressos da assimilação contribuíram para que alguns redefinissem a sua judeidade, positiva ou negativamente. E justamente na época do advento do anti-semitismo politicamente organizado e dos nacionalismos estatais contemporâneos, que acreditavam saber perfeitamente o que era um judeu, a modernidade vienense logrou dar um amplo testemunho de que não há o judeu, mas uma espantosa multiplicidade de construções de judeidades.

Entre as tentativas mais recentes para compreender como isso se deu, destacam-se as contribuições de Le Rider, inspirado nas teses de Paul Ricoeur sobre a identidade como um processo contínuo de construção. Tomando as análises de *Tempo e narrativa* sobre a constituição da identidade como uma operação narrativa, Le Rider busca demonstrar como a crise de identidade da modernidade, vivida pelos judeus por ocasião do trágico final da emancipação na Europa, levou-os a redefinir o que era o judeu através da escrita, sob a forma de uma grande narrativa, de uma ficção.

> O elemento comum nos destinos de Sigmund Freud, Theodor Herzl, Karl Krauss e Richard Beer-Hofmann é a espantosa liberdade com a qual esses intelectuais procuraram definir o que é o judeu na época da assimilação, do anti-semitismo e do sionismo. ... A identidade judaica formula, para cada um deles, assumindo a forma de uma ficção, de uma grande narrativa, onde a história íntima e o inconsciente pessoal possuem tanta importância quanto a história do povo judeu ou os textos da tradição religiosa.[42]

Mas o problema da identidade judaica não se reduz à crise da modernidade vienense; e até mesmo a precede, e de muito, caso se tome a judeidade como uma expressão de uma errância milenar, de uma alteridade multiplicada, fragmentada em estilhaços pelos cortes significantes do que ela própria esconde. Em Viena, após um longo período de assimilação, o judeu, diante do iminente retorno de mais um exílio e da ameaça de extermínio, foi buscar, na prática milenar da experiência escriturária de seus antepassados, uma estratégia para a elaboração de um novo-antigo luto. Conforme a tradição milenar, com a destruição do Templo e a expulsão de Jerusalém, os judeus engajaram-se na prática de suportar e ultrapassar a vivência da desterritorialização pela escrita da história. O Livro, suporte permanente de escritura, junta o povo na diáspora.

Moisés e o monoteísmo insere-se nesta linhagem de escritos de que fala Le Rider: ele nasce da relação entre mais um êxodo do povo judeu e a judeidade de seu autor. Freud começou a escrevê-lo justamente no ano em que outros de seus livros ardiam nas fogueiras de Berlim. A escrita desse texto de 1938 traz a marca indelével de uma ligação entre a história de seu autor e a história da psicanálise – uma ligação que, no posfácio de sua autobiografia, Freud autoriza fazer desde que referida às suas descobertas e à transmissão da psicanálise. Assim, os laços entre a história do judaísmo, da psicanálise e do próprio Freud aparecem logo nas primeiras linhas do texto de 1938: "Contestar a um povo o homem que ele celebra como o maior de seus filhos não é uma coisa que se empreenda de bom grado ou com leviandade, principalmente quando se pertence a este povo."[43]

Enunciado traumático. Nele, Freud confessa sua intenção de separar, desapossar e desidentificar. Isso trará conseqüências sobre toda a narrativa de seu "romance histórico", que adquire a forma de uma "ficção teórica" cujas referências se ordenam em torno do Pentateuco.[44] Ler o *Moisés* de Freud é sempre uma passagem por um desfiladeiro enigmático, uma interpelação do Estranho que obriga o leitor a acompanhar a errância das letras e dos brancos do texto. Enquanto escritura, *Moisés e o monoteísmo* não é, como pensam muitos, apenas a aplicação de algumas de suas idéias, uma espécie de retorno à tese de 1912, descrita em *Totem e tabu*. Se Freud anuncia uma desidentificação logo no início do texto, é para alertar o leitor de que aquilo que pretende dizer passa por outro registro que não é apenas o da repetição do idêntico.

O que, então, é *Moisés e o monoteísmo*? Em primeiro lugar, é um hipertexto, cuja escrita não se presta à captura: múltiplos sentidos – mas não arbitrários – borbulham em suas páginas. Como um enigma, ele se abre para vários níveis de entendimento. Diferentemente do que pensam alguns comentaristas da obra de Freud que o entendem como um escrito antropológico, psicológico ou sociológico, trata-se de um grande texto de psicanálise em que ele repensa toda sua "bruxa", a metapsicologia. Valendo-se da metáfora bíblica, Freud lega às futuras gerações de analistas uma espécie de "testamento" do *corpus* da psicanálise. Num primeiro recorte, pode-se dizer que a errância no deserto, o nomadismo, o Livro e a Lei tomaram de assalto a pena de Freud durante seu êxodo de Viena a Londres. E se a "errância", enquanto ato, marca o povo judeu em sua existência,[45] o escritor foi buscar nessa experiência uma metáfora para dizer, nas entrelinhas de seu "romance histórico", da errância do sujeito pelo deserto da libido e da urgência de se preservar a psicanálise como uma prática múltipla, capaz de fazer emergir o plural, porque submissa ao afetamento das energias pulsionais. Rumo a Londres, decerto, mas desde sempre um habitante convicto do estranho País do Outro.

O *Moisés*, esse escrito, que atravessou com seu escritor o êxodo de Viena a Londres, em tempos sombrios e dolorosos, é também fruto de uma reflexão profunda sobre o destino da psicanálise e a sustentação de sua transmissão. Nesse sentido, é um testemunho fidedigno de questões que incidem sobre as fronteiras que margeiam a "terra psicanalítica": o texto traz algumas reflexões sobre o embate inevitável entre ciência e religião, entre ética e visão de mundo, entre prática clínica e curandeirismo. Estrangeira a todos, a psicanálise busca incessantemente sua legitimidade como um método singular que faz o sujeito falar sobre uma verdade, ainda que não-toda.[46]

Mas é possível um outro recorte no texto de 1938: o político. Nesse sentido, ele é uma resposta de Freud à questão que endereçou a Zweig sobre a barbárie: "Diante de novas perseguições, pergunto-me, como os judeus se tornaram o que são e por que atraíram para si este ódio inextinguível?"[47] De forma ousada, porque escrevendo sob a vigência de um regime de repressão ao pensamento e às idéias, Freud faz de *Moisés e o monoteísmo* uma tentativa de denunciar a estrutura religiosa do totalitarismo anti-semita que, sob o signo do ódio, fomentava uma cultura de hostilidade mortal ao outro. O destino do povo judeu já era uma preocupação antiga do fundador da psicanálise desde que passou a vislumbrar no horizonte o retorno das perseguições ao povo judeu.[48] E se Freud não estava mais vivo quando os nazistas anunciaram a "Solução Final", pelo menos chegou a divisar a sentença sinistra que pesava sobre os judeus. Conforme pode-se observar numa carta que lhe endereçara o próprio Zweig – "Você, e ninguém mais que você me impediu de regressar em maio de 1933 a Eichkamp, quer dizer, ir ao campo de concentração e à morte certa" –,[49] inequivocamente intuiu a fantasia anti-semita de fazer eliminar o judeu.

Com a ascensão do nazismo, ele defronta-se com a relação irredutível do judeu com a experiência de estrangeiridade. Em *Moisés e o monoteísmo*, o estrangeiro designa um estatuto para o judeu: estrangeiro para si mesmo e estrangeiro para o outro.

O ponto de partida do trabalho analítico de Freud é que Moisés, o homem que criou e fundou a religião mosaica, era um egípcio. A hipótese de que o fundador do judaísmo teria sido um estrangeiro não foi propriamente uma novidade do inventor do método analítico. Do ponto de vista da história da cultura, ela já fora defendida por alguns mestres do Iluminismo, que faziam de Moisés um *Aufklärer*.[50] Do ponto de vista do judaísmo, não se pode dizer que Freud vá contra o espírito do "Livro dos livros" e do Talmude: fazer de Moisés um estrangeiro está perfeitamente de acordo com a ética bíblica. A tese de Moisés, o egípcio, não é estranha ao próprio corpo doutrinário do judaísmo: no *Zohar*, um dos livros sagrados que nasceram da interpretação da Torá, Moisés aparece como um egípcio, um homem que fazia revelar o infinito pela escritura diferencial da palavra YHVH – "Moisés é meu servidor / Falo-lhe face a face, deliberadamente, e não por enigmas." (Números, 12:8). A Aliança entre o povo judeu e Deus abriga, em sua essência, como já se disse *supra*, a condição originária de estrangeiro do povo eleito, cujo *ethos* se funda na errância de estrangeiros em direção a um futuro por vir, anterior a qualquer sedentarização.

Na verdade, a condição de estrangeiro de Moisés dentro da própria cultura judaica já era familiar a Freud. Bem antes de começar a redação de *Moisés e o monoteísmo*, em uma de suas *Conferências introdutórias sobre a psicanálise* chama a atenção para um chiste judaico: Há um conhecido chiste no qual perguntam a um menino judeu muito inteligente: "Quem foi a mãe de Moisés?" E ele responde sem vacilar: "A princesa." "Mas não", objeta, "ela somente o retirou das águas." "Isso disse ela", replica o menino, e assim demonstra haver achado a interpretação correta do mito.[51] Sabendo-se que Freud trabalhou sobre o *Witz* como uma formação do inconsciente, ao recolher do anedotário judaico esse curioso chiste, estava ele considerando que esta versão continha um fragmento de verdade que escapava ao saber oficial. Nota-se que, justamente este chiste, questiona aquilo que está para além das aparências e que toca fundo na questão do logro de um saber fixo e imutável sobre a origem.

Em sua leitura-escritura do Livro do Êxodo, Freud procurou elucidá-lo de maneira semelhante à do chiste: buscar uma verdade outra, transpondo os recalques e censuras. Freud quer fazer valer um não-dito, desencobrir um recalcado, dar voz ao excluído, em suma, impedir que uma verdade venha exercer seu domínio sobre outra. Assim, à moda de um talmudista, que navega entre os brancos e segue a errância das letras do Livro dos livros, produz um novo sentido para a aventura de Moisés e seu povo no deserto. A despeito da incompreensão de muitos, da resistência de historiadores e antropólogos, Freud insistiu em "destituir um povo do homem que ele celebra como o maior de seus filhos",[52] para demonstrar que o judaísmo é produto de uma construção que se faz através da experiência de estrangeiridade e que se marca pela incompletude. Essa é uma tese arriscada e arrojada que, se por um lado fere o sentimento religioso do povo judeu ao desapropriá-lo de seu profeta maior, por outro, paradoxalmente, está por inteiro calcada no imperativo da Aliança: ser aquele que vindo e buscando o de fora, testemunha, na expressão do escritor Elie Wiesel, contra a idéia de uma significação fixa e imutável para a imagem do judeu, em seu pequeno ensaio "Por que escrevo?" Inquietante escolha de estranheza, na visão de Wiesel.

A tese de que Moisés era um egípcio traduz, levando-a à sua expressão mais radical, a experiência do próprio modo bíblico de conceber o que é ser judeu, que obriga o sujeito a defrontar-se com o descentramento radical, exemplarmente vivido na história do Rei que se sabe estrangeiro: Quanto tempo eles vão me falar, encolerizados, dizendo: "Ele não é de uma linhagem indigna? Ele não é o descendente de Ruth, a moabita?" – pergunta o rei Davi angustiado a YHVH.[53]

Ao tratar da relação entre as antigas tradições judaicas e as idéias básicas de *Moisés e o monoteísmo*, Yerushalmi observa também que "Freud insiste, como a Bíblia, que os judeus foram escolhidos, que foram escolhidos de fora, que não foram os judeus que criaram sua religião; foi a religião que criou os judeus."[54] Conforme carta escrita a Lou-Andreas Salomé em 6.1.1935, Freud considerava que a lógica da idéia de eleição foi favorecer que se instalasse, entre os hebreus, uma nova religião trazida por um estrangeiro. Moisés, o egípcio, inventa o judeu; então, todo judeu é um egípcio, isto é, está para além da raça, da língua, do nominalismo e da identidade. E o que o judeu inventado por Moisés, o egípcio, inventa, segundo as observações de Lacan no ensaio "A morte de Deus", é a concepção de um Deus cuja presença define-se por uma ausência radical e absoluta e uma ética de superação das idolatrias.[55] Ora, apenas a presença do estrangeiro, aquele que denuncia a presença de uma diferença irredutível dentro de uma totalidade, é capaz de assegurar tal ética. Por isso a insistência de Freud em fazer de Moisés um egípcio.

Neste ponto, é preciso ressaltar um equívoco imperdoáel dos autores que insistem na interpretação de que *Moisés e o monoteísmo* é a expressão do ódio de Freud à sua própria judeidade. Conforme a observação de Le Rider sobre a análise de Paul Roazen em *O pensamento político e social de Freud*.[56] Roazen afirma que a desjudaização de Moisés pelo mestre de Viena é prova cabal de que este padecia da síndrome do "ódio de si do judeu" (*judischer Selbsthass*), que então grassava na população judaica da Europa pré-hitlerista. Esse tipo de leitura é, evidentemente, absolutamente infundada: além de ignorar as declarações do próprio Freud, a respeito do *jüdischer Selbsthass*,[57] é uma exegese absolutamente imaginária e dissociada da própria construção do texto de 1939 e do contexto em que ele foi escrito.

Desnaturalizar e desapropriar uma figura ancestral do próprio universo simbólico não significa, necessariamente, odiar-se; antes disso, pode ser um sinal de quem possui a coragem de se despojar de um mito para reintegrar um outro saber sobre a origem e, com isso, perpetrar a construção de uma identidade. Pode-se dizer que Freud – tal como o profeta bíblico que quebrou as tábuas da Lei sobre a imagem do bezerro de ouro para fazer valer a lei da irrepresentabilidade de Deus – torna-se, com a publicação de *Moisés e o monoteísmo*, igualmente um demolidor de ídolos: reativa o imaginário bíblico, demole seu ídolo maior, faz reintroduzir o tema do estrangeiro na história desse povo que se funda e se sustenta, a partir de seu próprio estranhamento.

* * *

Em meio às suas indagações sobre o ódio que os homens desenvolvem em relação à diferença do outro, Freud não se furtou a confirmar que a violência sobre seu povo não o autorizava a pensar a destruição apenas do ponto de vista da vítima. Muito ao contrário, ele reconhece que um elemento "demoníaco" habita recôndito em todos: vítimas e vencedores. Em uma carta ao escritor Romain Rolland, onde identifica os efeitos da história da segregação do judeu no Ocidente sobre seus próprios escritos, Freud diz ao amigo que a destruição é uma possibilidade do indivíduo e da espécie humana:

> Pertenço a uma raça que na Idade Média era considerada responsável por todas as epidemias e que hoje é culpada pela desintegração do Império Austríaco e pela derrota alemã. Tais experiências têm um efeito moderador e não propiciam a crença em ilusões. Grande parte do trabalho da minha vida ... foi [uma tentativa] de destruir as minhas ilusões e as da humanidade. Mas, se essa esperança não puder pelo menos em parte ser realizada, se no curso da evolução não aprendermos a distrair os nossos instintos do ato de destruir a nossa própria espécie, se continuarmos a odiar um ao outro por pequenas disputas e matar um ao outro por um ganho mesquinho, se continuarmos a explorar, para a nossa destruição mútua, o grande progresso que se fez no controle de recursos naturais, que espécie de futuro nos aguarda?"[58]

Compreender esse ódio ao outro por pequenas disputas através do paradigma do judeu, o ancestral *unheimlich* das massas, foi, sem dúvida, um dos motores da escrita de *Moisés e o monoteísmo.* E embora a maioria das especulações freudianas sobre essa questão tenha girado em torno das pequenas diferenças que a história judaica carreia, nota-se que Freud, ao contrário do que se costuma dizer, não tinha a menor intenção de "responsabilizar" o judaísmo pelo anti-semitismo. Na contramão do contexto do discurso psiquiátrico e psicológico do século XIX, sobre os "sintomas" e a "degenerescência" dos judeus, Freud sempre esteve longe de querer imputar uma culpa ao judeu pela própria sorte.[59] Seu desejo era o de escutar, principalmente, os efeitos da singularidade judaica frente ao outro, e dessa escuta extrair conseqüências teóricas.

O leitor atento pode perceber que Freud visava realocar a discussão sobre o anti-semitismo no registro do *narcisismo das pequenas diferenças* enquanto efeito direto de uma lógica segregacionista: "Os judeus não são, em princípio, fundamentalmente diferentes dos povos que os lhes acolhem: o espantoso é que a intolerância das massas se exterioriza com muito mais intensidade frente a pequenas diferenças do que frente a diferenças fundamentais."[60] Mesmo pensando sobre a origem da segregação e do racismo a partir da diferença judaica, Freud, em última instância, sustenta e demonstra que o ódio ao judeu, o racismo e o segregacionismo situam-se de maneira inequívoca na dimensão agressiva do sujeito frente à diferença do outro. Evidentemente, não se trata aqui de uma diferença qualquer, mas daquela que provoca angústia no sujeito. Diferença *ex-tima*: o horror ao que é mais íntimo e que, tomado pelo eu como um objeto externo, constitui-se em objeto do ódio na segregação e no extermínio. No contexto dessa interpretação, o discurso do *Führer* alemão é exemplar, pois permite perceber com clareza que o judeu era, a um só tempo, o que ele guardava de mais íntimo e o que lhe era mais estranho: um estranho estrangeiro. "O judeu habita em nós; porém, é mais fácil combatê-lo sob sua forma corporal do que sob a forma de um demônio invisível,"[61] confidenciou certa vez Adolph Hitler a Herman Rauching.

De acordo com Freud, na modernidade o anti-semitismo fomentou a segregação do judeu, constituindo-o como um dos não-idênticos da massa nacional-socialista: "Não foi por mero acaso que o sonho de um império germânico universal criou o anti-semitismo como seu complemento."[62] Esta afirmativa, enunciada em *Mal-estar na cultura*, baseava-se nas idéias desenvolvidas em *Psicologia das massas e análise do eu:* a massa, quando capturada pelas malhas fascinantes dos jogos identificatórios com o líder, persegue o outro movida pela crença na hegemonia do eu e pelo esvaziamento da dimensão da alteridade. Os argumentos de Freud sobre a segregação constitutiva do outro passam por uma profunda reflexão em *Moisés e o monoteísmo*, onde ele ressalta a tese de que o sentimento de comunidade das massas exige a hostilidade para com os não-idênticos, legitimando o poder de dominação sobre estes.

Na série de "motivos" a que atribuiu o ódio ao judeu, aparece um item que Freud identificou como produto direto da instalação do cristianismo por força de uma forte opressão. Ele constrói a hipótese de que, apesar de enraizados nas mais remotas eras passadas, essa coerção continuaria operando na modernidade: ao que tudo indicava, muitos "ainda não superaram um ressentimento contra a nova religião que lhes foi imposta, mas deslocaram esse sentimento para a fonte de onde o cristianismo os foi buscar. ... Seu ódio pelos judeus é, no fundo, um ódio pelos cristãos, e não há motivo para surpresa se, na revolução nacional-socialista alemã, essa relação íntima entre as duas religiões monoteístas encontra expressão tão clara no tratamento hostil que é dado a ambas".[63] Na concepção de Freud, o totalitarismo político que se abatia sobre a cultura européia carreava uma compulsão à repetição violenta e opressiva de impor critérios ideais ao outro.

Com isso, resta examinar as diferenças irredutíveis do judaísmo, que Freud considerou catalisadoras do ódio anti-semita. Desde o final do século XIX, a imagem do pênis circunciso, considerado como alterado, danificado ou incompleto esteve no centro da definição de judeu. A maioria das fantasias que mais tarde tornaram-se esteio do anti-semitismo girava em torno da idéia de que a circuncisão era um processo de feminização do varão judeu, que deixava seu órgão sexual degenerado e altamente comprometido com as doenças sexualmente transmissíveis. As pesquisas de Gilman, mencionadas no primeiro capítulo, sobre o discurso médico e social na cultura austríaca fim-de-século, demonstram que o corpo do judeu era visto em termos absolutamente depreciativos e paranóicos: a crença obsessiva na degeneração do homem judeu, por conta da circuncisão, era correlata à sua feminização.

Tendo por pano de fundo essa cadeia de associações Cristine Buci-Glucksmann, em seu estudo sobre as figuras de alteridade – feminilidade e judeidade – na cultura vienense, constata que o pânico da feminização da cultura na Europa desde o final do século passado correspondia ao horror de sua judeização. Tais fantasmas serviram de esteio ao discurso anti-semita. A autora observa que em *Mein Kampf*, Hitler enfatizava que a emancipação feminina é uma invenção dos judeus com seus desejos encarnados abjetos: "Pelas forças da democracia sexual, o judeu nos rouba nossas mulheres."[64] O horror à feminização, isto é, a ameaça contra a masculinidade, tornou-se a retórica de seu programa político: "A mulher introduziu o pecado no mundo ... [ela] é a principal causa da poluição do sangue nórdico."[65]

De acordo com os estudos sobre a cultura vienense da época de Freud, é na escrita de Otto Weininger que feminilidade e judeidade aparecem em estreita relação, fazendo precisamente da mulher e do judeu o espírito mesmo da modernidade: "Em todos os seus aspectos, o espírito da modernidade é judeu. Celebra-se a sexualidade como um valor supremo. Nosso tempo é não somente o mais judeu, mas também o mais feminino de todos os tempos."[66] Essa proposta de um elo indissolúvel entre feminilidade e judaísmo tornou-se bastante conhecida entre os intelectuais da *Mitteleuropa*. O próprio Freud, ao transpor para o papel o caso do Pequeno Hans, lembra as idéias de Weininger:

> O complexo de castração é a raiz mais profunda do anti-semitismo, pois, já no quarto das crianças, o menino ouve dizer que cortaram algo no pênis dos judeus – um pedaço do pênis, pensa ele –, e isso lhe dá o direito de desprezá-lo. E igualmente não existe uma raiz inconsciente mais forte para o sentimento de superioridade sobre as mulheres do que esta. Weininger, este jovem filósofo tão talentoso e sexualmente pertubado, que, logo após escrever seu excelente livro *Geschlecht und Charakter* (1903), suicidou-se, considerou com igual hostilidade, em um famoso capítulo, os judeus e a mulher, e os cumulou dos mesmos insultos. Weininger, como neurótico, estava completamente dominado por seus complexos infantis, e, do ponto de vista destes, o que há em comum entre o judeu e a mulher é sua relação com o complexo de castração."[67]

Observa-se nessa passagem, cujo pano de fundo eram as elaborações em torno de sua teoria da sexualidade, a insistência de Freud em demonstrar que a vivência sinistra diante da circuncisão é homóloga à impressão inquietante causada pelo sexo da mulher. Ambas provocam um horror determinado: o horror à castração. E quando, em psicanálise, fala-se de horror à castração, está-se falando sobre a angústia que a diferença causa. É esta angústia que Freud diz ser a raiz comum entre o antifeminismo e o anti-semitismo. Em seu *Moisés*, Freud volta ao tema da circuncisão e do anti-semitismo, designando a primeira como um dos traços que funda a estranheza do judeu. Porque lembra a ausência ou a privação e desperta estranheza, a circuncisão faz com que, diante dela, o incircunciso se depare com a falência do ideal de uma virilidade sem perdas. Nesse sentido, o anti-semitismo para Freud poderia ser explicado, parodiando Eric L. Santner em sua análise sobre *Moisés e o monoteísmo*, como uma "recusa a viver o luto das perdas e transtornos fundadores da subjetividade moderna".

Em livro recentemente publicado, *A Alemanha de Schreber*, Santner enfatiza que, para Freud, o monoteísmo judaico e a situação histórica da diáspora estão ligados por série de cortes e de perdas que impuseram ao judeu renúncias e lutos que obrigaram-no, ao longo dos séculos, a transformar num projeto interminável o esforço de traduzir, na linguagem da razão, o não metabolizável: os cortes traumáticos. A vivência contínua de deslocamentos geográficos e de renúncias, tornou-se uma espécie de sinal negativo para os que insistiam em projetos totalitários. No capítulo dedicado à questão judaica em Daniel Paul Schreber, Santner procura demonstrar que a falência psíquica deste juiz, registrada em suas *Memórias de um doente de nervos*, visava evitar a tentação totalitária que começava a se abater sobre a Alemanha – e à qual tantos alemães depois dele foram incapazes de resistir – mediante sua lenta metamorfose em mulher e sua fusão com a figura do Judeu Errante. Considerando o contexto histórico e a paisagem cultural que Schreber atravessou, Santner propõe que o colapso nervoso schreberiano foi uma crise de investidura. À luz dos aportes de Freud em *Moisés e o monoteísmo* à compreensão do anti-semitismo moderno, ele conclui que Schreber descobriu que seu "poder e autoridade simbólicos de juiz e de varão alemão fundamentavam-se na magia performativa dos ritos de instituição, que sua função simbólica sustentava-se pelo imperativo de produzir uma série de desempenhos repetitivos e idiotizados". Foi exatamente toda essa compulsão à repetição no cerne da função simbólica que Schreber viveu como uma profunda exigência de cultivar o gozo. Na interpretação de Santner, o fato de Schreber haver experimentado toda essa sexualização "como feminizadora e juidaizante, é indicativo de que no alvorecer da modernidade 'o saber' sobre o gozo era atribuído às mulheres e ao judeu". Ambos ocupavam, diretamente, "o lugar daquilo que não podia ser diretamente reconhecido: que as identidades simbólicas, em última análise, são sustentadas por impulso, pela performatividade como compulsão à repetição".[68]

Um outro traço provocador do ódio milenar ao judeu é justamente a convicção de seu povo em se dizer primogênito e eleito de Deus. O alvo de Freud é demonstrar que a idéia de eleição, induzida estrategicamente por Moisés, o egípcio, possui tal potência que é compartilhada, embora pela via da inveja e do ciúme doentios, até pelos não-judeus. Segundo Freud, é como se estes "houvessem pensado que havia verdade [material] na reivindicação de eleição que faziam para si os judeus".[69] O discurso de Hitler não desmente a percepção freudiana: "Não pode haver dois povos eleitos", pronuncia o *Führer*, "somos nós o povo de Deus".[70] Essas poucas palavras desnudam, do ponto de vista psicanalítico, a rivalidade imaginária que tomou corpo no nazismo desde o seu início até a Solução Final (o extermínio).

Finalmente, entre as diferenças que fazem do judeu o estrangeiro do outro, Freud considera primordial, a partir da aplicação do mito que construiu em *Totem e tabu* sobre a origem da cultura, um traço inscrito na própria estrutura da religião judaica e que a desqualificou sumariamente como religião universal: o não reconhecimento da falta originária, do assassinato do Pai.[71] Anteriormente, Freud, em "Nós e a morte", já chamara a atenção desse mesmo aspecto estrutural do monoteísmo judaico que, juntamente com outro – a recusa dos judeus de conferir à religião a função de produzir ilusões conciliatórias sobre a vida e a morte –, faz do judaísmo uma religião inquietante e pouco tolerável.

Em *Moisés e o monoteísmo*, Freud identifica que a falta de uma forma direta no ritual judaico capaz de representar a violência contra o Pai faz com que o judeu seja acusado pelo outro de ter assassinado Deus. Sua idéia é que os judeus, não tendo aceito a vinda de Cristo, assumiram uma trágica culpa sobre si próprios, vendo-se obrigados a pagar uma pesada penitência por isso".[72] No judaísmo, o lugar vazio do Pai, sempre garantido enquanto tal pelo interdito da representação de Deus, é o traço que o diferencia do cristianismo. Essa religião representa a humanização extrema de um ser adorado e o alívio da culpa, na medida em que o crime foi redimido pela morte de um homem, o filho de Deus. Ao retomar o que havia sido abandonado pelos judeus, a representação do Pai assassinado, o cristianismo tornou-se uma verdadeira religião universal.

Mas se Freud identificou o efeito trágico da falta de reconhecimento do assassinato primitivo sobre o mundo não-judaico, em particular em relação ao anti-semitismo que, na história de sua época, fomentava a segregação, nas últimas páginas de seu texto ainda se perguntava por que teria sido impossível para os judeus admitirem que mataram Deus como outros povos o fizeram. Esta questão sobre a qual sabe ter a psicanálise lançado pouca luz,[73] Freud deixa-a em aberto, embora, paradoxalmente, não tenha se furtado a pensá-la desde o início do texto. Apesar de reconhecer, como testemunha a correspondência com Zweig, a fragilidade de suas hipóteses calçadas na pesquisa de E. Sellin, que sustentava o assassinato de Moisés pelo povo, Freud levou adiante seu projeto de pensar a história do judaísmo à luz do mito construído em *Totem e tabu*. Ele se indaga sobre a diferença da formação grupal judaica em relação às grandes massas modernas que encenam manifesta e diretamente o modelo da horda, do assassinato e do amor ao Pai.[74]

Um exame mais atento sobre essa questão sugere um outro nível de entendimento que esse texto enigmático e curioso propõe. A partir do singular processo de identificação do povo judeu, de sua estranheza diante de si mesmo e diante do outro, Freud se viu obrigado a repensar a noção de identificação para além das construções elaboradas ao longo de sua obra.

E tal é a condição do judeu: ele coloca em xeque permanentemente a identidade do outro e a sua própria no permanente retorno ao deserto de Abraão, o hebreu, o ser de passagem; de Ruth, a moabita, a estrangeira matriarca da realeza judaica; de Jacó/Israel, o que enfrenta o anjo do Deus Estrangeiro; e de Moisés, o egípcio, aquele que, sendo outro, se diz judeu.

Dito isto, seria o caso de lembrar a observação de Blanchot – a propósito da noção de *responsabilidade* em sua relação com a diferença na obra de Lévinas – segundo o qual os judeus não são diferentes de outros, como o racismo quer persuadir a todos, mas apenas fazem lembrar a exigência de estrangeiridade.[75] É também esta exigência que o analista deve impor-se para sustentar, como ateu, a doutrina freudiana, sem a menor adesão religiosa a ela.

IV.

YHVH, o Estrangeiro dos Estrangeiros

Todas as letras formam a ausência.
Assim Deus é filho de Seu nome.
Edmond Jabès

A extensão da condição de estrangeiro do povo judeu é correlata à força e intensidade do segundo mandamento da lei mosaica: "Não farás para ti imagem esculpida de nada que se assemelhe ao que existe lá em cima nos céus, ou embaixo na terra, ou nas águas que estão debaixo da terra" (Êxodo, 20:4). Muitos pensadores perscrutaram a estranheza desta lei destacando os efeitos que causou sobre a cultura ou servindo-se dela nas elaborações de suas próprias idéias. Para interrogá-la em relação à formação da alteridade no judaísmo, será necessário abordar o que alguns deles escreveram.

Começar pelas atuais e provocadoras reflexões de George Steiner, em suas notas para redefinição de cultura, é uma tentativa de situar, com precisão, o abalo que este mandamento mosaico, lado a lado com a grafia do tetragrama impronunciável – YHVH –, o signo da presença do Deus judeu, provocou na *psique* humana. Diz ele que: "O Deus da Torá não se limita a proibir a construção de imagens que O representem. Os seus atributos são também, como concisamente Schoenberg os exprime em *Moses und Aron*: 'concebíveis porque invisíveis; porque incomensuráveis; porque intermináveis; porque eternos; porque onipresentes; porque onipotentes.'"[1] Steiner compreende, a partir das conclusões de historiadores da religião sobre a invenção do monoteísmo, que tais atributos impuseram e impõem a Ausência ao espírito humano, que não se cansa de procurar organizar-se no sentido das imagens e da presença figurada. O que é certo, diz o autor, é que essa estranha invenção continua a assombrar o Ocidente com sua exigência de transcendência absoluta da consciência humana, de tal forma que o homem ocidental acabou por alimentar ódios profundos e ressentimentos assassinos contra aqueles que inventaram a presença desta Ausência radical.[2]

A estranheza assombrosa de um Deus feito de nada, sem conteúdo, sem nomeação e sem essência, é o escândalo da alteridade radical, de uma ausência sem limite de tempo, de ontem, de hoje, e de sempre. Do mesmo modo, o Nome indizível da Bíblia hebraica é o fora-do-discurso radical, o que é da ordem da linguagem mas não há como fixar, isto é, conter numa identidade. O Deus rigorosamente impensável e inassimilável, transparente com o ar do deserto, segundo a expressão de Steiner, nada tem a ver com outras formas de expressão religiosa do homem, do totem ao Deus trinário cristão: seu estatuto é de outra ordem.

Acerca da iconoclastia hebraica

Immanuel Kant está na primeira fileira dos pensadores que indagaram sobre a idéia mosaica da irrepresentabilidade de Deus. Kant chega a destacar um elo entre sua concepção do sublime, designado como uma experiência da impossibilidade de atingir a coisa (*das Ding*),[3] e o segundo mandamento, que diz da impossibilidade de representar Deus, sob pena de desfigurar o caráter inacessível de sua natureza.[4] Na *Crítica da faculdade do juízo*, o filósofo assinala que o segundo mandamento, na qualidade de passagem mais sublime do Antigo Testamento, poderia explicar, por si só, "o entusiasmo que o povo judeu durante seu período florescente, experimentava por sua religião, quando se comparava a outros povos."[5] Kant também destaca os efeitos dessa interdição sob o maometismo, a religião que, em seus fundamentos, retoma essa característica própria do monoteísmo mosaico. O que se depreende da leitura dessas passagens é que, para o filósofo, o sublime concerne, diretamente, ao Irrepresentável, ao que não pode estar contido em nenhuma forma sensível, compreende o entusiasmo e mantém uma certa relação com a lei.

E o entusiasmo, provocado pelo objeto sublime, é o afeto negativo por excelência, aquele que surge a partir da inadequação da faculdade de imaginação. Em outras palavras, para Kant o entusiasmo resulta da impossibilidade do sujeito atingir a coisa; o que faz com que o sublime autêntico, diferentemente do belo, ultrapasse a medida dos sentidos e seja uma lição estética daquilo que não se representa.

Em que consiste, então para Kant, a relação do sublime com a lei? A resposta pode ser encontrada no argumento central de Kant para explicar como a categoria estética do sublime pode ser conjugada à cena mosaica de uma realidade que ultrapassa os sentidos e a imaginação: a *satisfação* estética do sublime se alimenta do respeito à lei. Para Kant, esse respeito é o sentimento de inadequação, de impotência "de nossa faculdade de juízo para alcançar uma idéia que é lei para nós".[6] Segundo essa leitura, o alcance transcendente do sublime reside em que o Infigurável é o que faz lei, o que equivale reconhecer que a razão não pode, jamais, tudo abarcar.

Freud, à semelhança de Kant, interroga-se igualmente sobre o domínio do Irrepresentável e sua relação com a lei. Quando elaborava suas teorias sobre a religião judaica, em *Moisés e o monoteísmo*, afirmou ter sido justamente a interdição de figurar e dizer o nome de Deus que serviu de motor ao "desenvolvimento característico da natureza judaica".[7] Obviamente "natureza judaica" – que talvez fosse melhor designada como "condição judaica" e, mais modernamente, pelo termo judeidade – não é, sob hipótese alguma, algo dado biologicamente, mas aquilo que diz respeito ao que singularmente se constrói a partir da *heteronomia* da lei. A hipótese de Freud é de que, sob o impacto da "desmaterialização de Deus",[8] os judeus foram obrigados a desenvolver uma inclinação à abstração que se fez cada vez mais forte durante seus infortúnios políticos, isto é, em seus exílios e êxodos milenares. Em suma, Freud propõe em sua interpretação sobre a fundação do monoteísmo que o segundo mandamento, imposto por *Moisés, o egípcio*, introduziu uma mudança estrutural e radical no povo hebreu em relação a si mesmo, a outros povos, até mesmo aos próprios egípcios:

> Entre os preceitos da religião de Moisés, há um que é muito mais substantivo do que parece à primeira vista. Trata-se da proibição contra a fabricação de uma imagem de Deus, ou seja, a compulsão de adorar um Deus que não se pode ver. É de se conjecturar que, nesse ponto, Moisés excedia a rigidez da religião de Aton. Talvez ele simplesmente quisesse ser coerente: seu Deus, nesse caso, não teria nome nem semblante. Talvez fosse mais uma cautela contra abusos mágicos. Uma vez aceita, porém, esta proibição teve um efeito profundo sobre os hebreus: significava um retrocesso da percepção sensorial diante do que se poderia ser chamado de idéia abstrata –– um triunfo do espírito sobre a sensualidade, ou, a rigor, uma renúncia ao pulsional, com todas as suas conseqüências psicológicas necessárias."[9]

O marcante nessa tese é que Freud faz notar que, de algum modo, a fé dirigida ao *não-visível* impôs o progresso do *Geistigkeit* (intelectualidade/espiritualidade):[10] a lei que dirigiu a fé ao não-visível forçou a eclosão da imagem que o homem tinha do mundo e, com isso, a regência de uma representação fixa e imutável foi perdendo a primazia e ficou sujeita a contradições. A idéia de um Deus não subsumido ao conhecido e ao familiar instaurou um vazio em torno do qual o judaísmo se estruturou, obrigando o povo ao esforço de manter-se voltado para o Incognoscível. Freud reconhece que a força desmitologizante do segundo mandamento operou uma mudança radical na concepção do homem sobre o universo e que a ciência seria descendente direta das idéias de Moisés, o egípcio, pois concerne à leitura do que se encontra para além do visível. Vale recordar que foi na esteira dessas considerações que Lacan chamou a atenção de forma clara e contudente, conforme já vimos, sobre o parentesco entre o judaísmo e a ciência (ver p.68).

Os efeitos da lei mosaica sobre a constituição do pensamento científico e da ciência não passaram desapercebidos a outros autores. A história das formas simbólicas discernidas por Ernst Cassirer, segundo Hercenberg, confere ao movimento de subversão dos profetas, sempre apoiados no segundo mandamento, um lugar particular no desenvolvimento da ciência. O processo de reação antiidolátrica descrito nos livros proféticos significou um esforço do homem para ultrapassar o mundo mítico que terminou por desembocar em novas formas de representações e de comunicação entre os homens. Diz Cassirer: "Todo o ardor religioso e *ético* dos profetas ... se funda na vontade que os leva *além* de qualquer intuição do dado e da existência pura e simples. ... A proibição de idolatria, isto é, a proibição de representar uma imagem ou um retrato do que está no céu ou sobre a terra, debaixo das águas ou na terra, adquire, pois, na consciência profética, um significado e uma força totalmente novos."[11]

A leitura de Hercenberg da idéia de Cassirer revela-se preciosa, pois acrescenta que a cultura do exílio ao qual o povo hebreu foi exposto desde a sua fundação, conforme a marcha do patriarca Abraão narrada na Bíblia, foi o que sustentou a lei mosaica e deu apoio ao seu cumprimento. Para o filósofo israelense, se o segundo mandamento foi favorável ao desenvolvimento do senso crítico e com isso a ciência ganhou terreno, conforme demonstrou Cassirer, a precedência da experiência de nomadismo e de errância sobre a da sedentarização do povo de Israel facilitou e incentivou o cumprimento da lei antiidolátrica.[12] O exílio e o nomadismo respondem a uma relação que a possessão e o sedentarismo não admitem: a ciência só poderá usufruir de suas conquistas caso não se contente em apenas *conquistar*, mas também possa *preservar o senso de infinito*[13] inscrito justamente na possibilidade do ato de errância e nomadismo da linguagem, dos afetos e das idéias dos homens.

Em seu *Estudos de história do pensamento científico*, Alexandre Koyré mostra que é impossível separar em pensamentos estanques a história do pensamento científico, a história do pensamento filosófico e a história do pensamento religioso. Koyré considera que a evolução das idéias transcientíficas, filosóficas, metafísicas e religiosas estão intimamente ligadas à evolução do pensamento científico. Assim, se as revoluções científicas ensinaram os homens a se afastar da sacralidade do imaginário mítico, isto não quer dizer que elas tenham saído do forno perfeitas e completas; pelo contrário, foram preparadas, como disse o próprio Koyré, "por um longo esforço de pensamento"[14] – um esforço que se traduziu em combate contra idéias fixas e imutáveis, em desenvolvimento do senso de alteridade, e que levou à derrocada de uma concepção fechada do universo. Nesse processo, o homem se viu implicado em dois movimentos: o de circunscrever a realidade com a ajuda de paradigmas que lhe permitiram pensar e agir sobre o mundo, e o de desmontar as estruturas que ele próprio criou, fazendo acontecer o novo.[15] Ora, se essa modalidade de apreensão da realidade foi preciosa para o advento da ciência, também é imprescindível a seu progresso e sustentação, pois resguarda qualquer possibilidade de que o pensamento científico venha a se fechar sobre seus próprios achados.

Neste ponto, já se pode insistir no que se evidencia a partir das observações precedentes. Com sua "estranheza exasperante", para retomar aqui a expressão de Steiner, a concepção de Deus como incognoscível e indizível mergulhou a doutrina mosaica numa exigência iconoclasta somente reversível quando alguns constroem, para ela e dentro dela, novos "bezerros de ouro". Mas vale insistir que a iconoclastia é a presença do ateísmo no seio do judaísmo.

Em *O inconsciente freudiano e a revolução iconoclasta*, Jean-Joseph Goux reconhece raízes judaicas na psicanálise a partir, exatamente, dessa vertente iconoclasta do judaísmo, que recupera para situar o problema da transmissão da psicanálise. Goux estende a questão da iconoclastia hebraica também ao pensamento de Karl Marx. Para o autor, tanto a psicanálise quanto o marxismo, duas grandes revoluções iconoclastas do Ocidente, são "filhas legítimas" da antiga luta antiidolátrica dos hebreus e dos Profetas. De fato, uma parte central da leitura de Goux busca demonstrar que, remando a favor da mesma corrente de seus ancestrais, Marx e Freud terminaram por explicitar teorias que denunciam os efeitos fetichistas e perversos de um mundo gerado pela idolatria moderna do eu e do dinheiro.

Goux considera que, apesar da crítica de Marx ao poder e à riqueza incidir também e diretamente na relação dos judeus com o dinheiro, sua luta "repete" o gesto iconoclasta de Moisés, que, encolerizado diante do "bezerro de ouro", destruiu as tábuas da Lei, lançando-as contra os idólatras. Da mesma forma, na concepção do autor, Freud, mesmo com toda sua crítica à religiosidade judaica e a toda religiosidade em geral, acaba por destruir, "à moda dos profetas", a ilusão do homem sobre a hegemonia de um eu fixado no espelho que recusa refletir até mesmo as pequenas diferenças do outro. Com efeito, já na fundação da psicanálise, Freud rompeu com o discurso psiquiátrico e anuncia, a partir de sua escuta clínica, a morte de uma verdade finalizada, estática, construída por um pequeno número de leis simples e imutáveis. Na psicanálise, trata-se de perceber o comportamento de uma realidade distinta, insubmissa, tanto a nossas crenças e ambições, quanto a nossas esperanças. Ao objeto por ela interrogado – o inconsciente –, não faltam meios para refutar hipóteses plausíveis e sedutoras. A cena analítica é o lugar em que qualquer saber prévio do sujeito sobre si mesmo terá que ser desfeito para fazer advir o estrangeiro de si mesmo, este "conhecido-desconhecido" de cada homem. A ciência psicanalítica faz falarem sujeitos de verdade transitória, porque ela não é apenas um saber *sobre* o inconsciente, mas também um *saber inconsciente.*

Freud, como iconoclasta, remete o pensar psicanalítico para um *mais além,* movido pelo desejo da diferença e ciente de que qualquer ganho de saber incorpora e cria o incognoscível. Assim, os fundamentos de sua descoberta só se sustentarão pela prática de retorno permanente a seu momento mítico de origem, quando, às avessas de outros métodos que aprisionavam o sujeito a certas identificações, Freud propôs ao sujeito desconstruções de suas representações fixas e imutáveis, e partir para o país do Outro. O paradigma abrâmico do *ethos* bíblico, do homem que vai sem saber aonde, direto ao encontro da Alteridade, na busca de sua singularidade, se faz aqui exemplar. Este é o movimento, de que fala Lévinas, de não retorno ao Mesmo.[16] O gesto ético de Freud é também o de Moisés, o egípcio, conforme seu próprio texto *Moisés e o monoteísmo,* ou o do judeu que nunca termina de empreender o êxodo, de atravessar o deserto.

Também como iconoclasta, Freud constrói o conceito de *Trieb,* o "ponto limite" da teoria psicanalítica; conceito que surge como um dos principais modos teóricos de acesso ao inconsciente, um de seus derivados. Todas as letras e palavras escritas no *corpus* teórico psicanalítico não recobrem, seja com figuras, seja com definições, este conceito, cujos fundamentos se enraízam na impossibilidade de fixar-se uma representação para a inesgotável melodia pulsional, assim determinando um vazio presente em sua estrutura: a pulsão se traduz apenas como uma potência que se presentifica em representações efêmeras e transitórias.

A marca antiidolátrica da psicanálise expressa-se no lugar que ela consigna à alteridade em sua prática e na descoberta teórica de 1920 de um mais além da representação, região que Michel Foucault identificou como informe e muda. Pelo menos é nesse sentido que o filósofo entende o que Freud denominava alteridade radical da Outra cena. Alteridade que garante um pensamento do que está mudo, oculto e invisível, enfim, do que habita em nós mais além da consciência. Assim, a psicanálise se faz no face-a-face com a impossibilidade de apreensão de um saber-todo-poderoso, finito e totalizante. Ela é uma prática que se propõe a curiosa tarefa de atingir uma "região onde a representação fica em suspenso, à beira de si mesma, aberta de algum modo sobre o fechamento da finitude";[17] ali onde se quebram os "bezerros de ouro" Este é o esforço que obriga o analista a atravessar os afetos e as idéias como os nômades atravessam o deserto e as cidades.

A SEPARAÇÃO, O VAZIO E A PALAVRA

Embora o judaísmo contenha o heterogêneo na multidão de leituras que dele se faça, o que chama atenção em sua fundação é que, a rigor, conforme diz com acuidade Jeanne Defontaine, ele é "a expressão de um divórcio radical entre o homem e o mundo, de um fosso que se abriu entre o homem e a divindade e que o cristianismo procurará depois preencher com a Boa Nova do Novo Testamento, a do sacrifício do filho."[18]

Para avançar a partir desta afirmativa, faz-se necessária a contribuição da leitura de Lévinas sobre o termo hebraico aplicado a Deus, *kadosh*, que se traduz por s*anto.* Etimologicamente a palavra *santo* significa *separado*, de maneira que *kadosh* significa, indistintamente, o *santo*, o *separado.* O *santo* designa algo infinitamente separado de tudo o que é comum, de tal forma que a "inscrição do nome de Deus seria a inscrição originária da diferença".[19] O *santo* não tem lugar, ou melhor, seu lugar é atópico, como seu templo é vazio de imagens e seu Nome não se pronuncia.

A separação entre Deus e o homem, que todo o povo de Israel foi chamado a viver, introduziu na história das religiões a transcendência absoluta de Deus produzida como inintegrável, conforme Lévinas procurou demonstrar ao longo de sua obra, onde faz entender a distinção necessária entre a *sacralidade* e a *santidade* na palavra hebraica sem medida que é o Nome de Deus.[20] A partir dessa separação entre os dois termos, o filósofo procura entender como se dá a formação de Alteridade para os judeus. *Kadosh* designa a alteridade radicalmente separada e dessacralizada, isto é, sem conteúdo, sem objeto e sem forma aderida, transcendente até à Ausência. E porque habita fora do espaço e mais longe que o tempo, o *santo* será para sempre o Estrangeiro dos estrangeiros. Assim, a estranheza do Deus judaico é absolutamente conforme à estranheza de seu povo. *Ex-timo* a seu próprio povo, Deus ocupa o lugar de um verdadeiro "continente estrangeiro" na economia libidinal de um povo que não Lhe constrói imagem nem pronuncia seu Nome.

Mas a palavra *kadosh*, na tradição bíblica e talmúdica, não é apenas atribuída à divindade. Aplica-se também aos homens – *kedushim* (plural de *kadosh*) em hebraico –, aos que foram feitos, segundo a narrativa bíblica (Gênesis, 1:26-27), à imagem e semelhança desse Deus que não admite imagem. Essa antinomia – identificação à ausência de imagem – estabelece que o homem, sendo santo e separado, é também irredutível a qualquer representação fixa e imutável (Levítico, 19:2). Há sempre algo que escapa a seu próprio espelho: a epifania do rosto, o que está para além do idêntico que não se transformar em conteúdo.

Entretanto, quando se pensa nesse Deus inabordável e transcendental, distante e absolutamente Estrangeiro, como assinala Blanchot, em geral marca-se apenas sua Ausência absoluta, deixando de lado o fato de que a revelação deste Deus Único e Ausente é acompanhada da "revelação da palavra como lugar onde os homens se relacionam com aquele que exclui toda a relação: o infinitamente Distante, e absolutamente Estrangeiro."[21] O comentário é percuciente e harmônico com as fontes bíblicas e talmúdicas que associam a relação dos homens com o Estrangeiro dos estrangeiros, não como fonte de especulações filosóficas ou de vivências místicas e ou extasiantes, mas como termo de um fundamento ético sob a primazia da palavra.

Sendo a *Revelação* – a *Torá* escrita como a *Torá* oral – uma revelação de palavra, ela é essencialmente uma "logofonia", ou mais precisamente uma "nomofonia", quer dizer, a expressão da *palavra* como *lei*, ambas designadas pelo termo único hebraico *davar** (que significa *palavra* e *lei*, porque palavra de Deus), conforme explica David Banon: "Esta palavra infinita ... porque não se sincroniza com os signos que a captam ... inscreve-se numa narrativa e numa lei. Esta inscrição será o traço de uma palavra primeira, primordial, de um dizer que já está retirado do dito."[22] A palavra é portanto o fio infinito que tece o tecido que recobre o vazio insuperável entre Deus e os homens, entre homem e homem *kadosh* e *kedushim*.

O espaço de separação entre Deus e o homem é o tempo futuro, cujo paradigma é dado pelo episódio da "sarça ardente" narrado no Êxodo: "Moisés disse a Deus: 'Quando eu for aos filhos de Israel e disser: 'O Deus de vossos pais me enviou até vós'; e me perguntarem: 'Qual é o nome?', que direi?' Disse Deus a Moisés: 'Eu serei o que serei''' (Êxodo, 3:13-14)."[23] "Eu serei o que serei" (*éheyeh ashér éhyéh*) é a resposta de Deus a Moisés, devolvida sob a forma do tetragrama *YHVH*, condensação de "Eu serei o que serei".[24] O que está então embutido na idéia de um Deus que se apresenta sem imagem e absolutamente distinto do mundo é um tempo nunca cumprido, um futuro continuado.[25] "Eu serei o que serei": este é o caráter incisivo da revelação mosaica e que não deixa de implicar o povo em seu próprio devir, ávido do outro de si mesmo como outro.

Se for possível distinguir o *messianismo* do *messiânico*, tal qual faz Derrida quando liga este último ao performativo por-vir – "cujo arquivo não tem mais nenhuma relação com o registro do que é, da presença do que é ou terá estado atualmente presente"[26] –, pode-se dizer que a condição de YHVH é que não apenas não seja conhecido, mas que não seja cognoscível enquanto tal – apenas pura inscrição da diferença. A maneira como Derrida nos introduz a concepção do messiânico faz ressaltar que a singular concepção de Deus, no universo do Antigo Testamento, se traduz como porvir, o tetragrama terá de ser dito de vários modos, como experiência de apreensão do Mesmo sempre Outro. Já se pode também, a partir daqui, concordar com Philippe Julien quando observa que a noção de um deus sem Nome difere radicalmente daquele da ontoteologia, para o qual Deus diz "Eu sou aquele que é" a fim de que o próprio Nome seja enfim possuído.[27]

YHVH – o escrito que não se pode ler senão na repetição infindável de um som que não se pode dizer – não pode ser tomado como significante de alguma coisa que estaria por trás da combinação de suas letras. YHVH não se pronuncia, ele não é o sacramento de reconciliação, nem significante de alguma coisa outra que estaria oculta por trás dele, mas, como bem observa Certeau, um grafo que marca a linguagem assim como a circuncisão é a grafia que marca o corpo do judeu.[28]

Essa modalidade de leitura da grafia do nome de Deus chamou a atenção de Freud quando elaborava sua teoria sobre a particularidade dos pensamentos nos sonhos: "Entre os antigos hebreus, o nome de Deus era tabu; não podia ser falado em voz alta, nem transcrito. ... Esta proibição foi tão implicitamente obedecida que, até o dia de hoje, a vocalização das quatro consoantes do nome de Deus, YHVH, permanece desconhecida. Ele era, contudo, pronunciado 'Jehovah', sendo suprido pelas vogais da palavra 'Adonai' ("Senhor"), contra a qual não havia tal proibição."[29] Nota-se, neste pequeno trecho, que Freud não tem o propósito de expor o surgimento de um tabu. Ele utiliza o tetragrama como figura conceitual para expor o modo como idéias latentes do sonho só se dizem por deslocamentos e condensações, até o limite do "umbigo" dos sonhos, onde algo sempre escapa à ordem do discurso, porque impossível de ser enunciado. A idéia de um *Deus pura letra* evidencia a estrutura do sonho, onde as figurações, as imagens do sonho, devem ser lidas como letras.

Para melhor compreender os paradoxos do Sinai, é preciso situar YHVH no registro do inconsciente não recalcado, delineado por Freud no artigo "O inconsciente" e reafirmado em outros textos nos quais está formulado o paradigma do psiquismo centrado na relação com o outro. Nesse texto Freud vai reconhecer que "todo o recalcado permanece necessariamente inconsciente, mas, de início, declaremos que o recalcado não recobre todo o inconsciente. O inconsciente tem uma extensão mais ampla; o recalcado é uma parte do inconsciente."[30] Freud reconhece duas formas de registro da pulsão: a ideativa e a afetiva, implicando cada uma delas uma forma distinta de energia psíquica. É fato que uma não pode ser pensada sem a outra: a primeira envolve um representante que já se inscreveu, já se ligou à ordem ideativa; a segunda indica um excesso pulsional irredutível às malhas da simbolização. Nesse último registro, grita a inominável angústia. É no face-a-face com o desconhecido que o sujeito vive o encontro que expressa a extensão da repetição de uma experiência que "não cessa de não se inscrever", segundo a fórmula de Lacan para falar do registro do real.[31]

De qualquer modo, YHVH em sua inquietante estranheza, em sua alteridade absoluta, é presença de *angústia*. A angústia, o ensurdecedor barulho do silêncio, surge diante deste abismo de onde reverbera o som ininteligível que subjaz à lembrança que é de todos: a passagem pelo deserto, o exílio inexorável a que se está destinado desde o nascimento. YHVH não pode exercer a função de semelhante no espelho porque é alteridade radical, avesso a qualquer forma de representação. E como lembrou o próprio Lacan, em um de seus seminários, a especificidade de YHVH não é ser o "único Deus, mas designar-se como o essencialmente Outro, para além da representação".[32] Qualquer leitura unívoca de seu nome recusa o contraponto do vazio que, incessantemente, desperta angústia e convoca o sujeito a nomear, a tecer com a linguagem o tecido que recobre, contingencialmente, este mesmo vazio. Nessa ordem de afetamento, intervém a força das pulsões, que exigem deslocamentos e condensações múltiplas, obrigando o sujeito à simbolização.

Em sua obra, cujo título é o conhecido aforismo de Lacan, *Deus é inconsciente*, François Regnault formula uma analogia entre a concepção hebraica de YHVH e o conceito freudiano de pulsão de morte. A exemplo de Lacan que, através da metáfora do Deus sem nome e sem imagem, reforçou a instância discursiva do Outro no espaço analítico, Regnault utiliza o tetragrama impronunciável dos hebreus como uma representação auxiliar, visando dizer melhor sobre a realidade desconhecida do inconsciente ou do silêncio da pulsão de morte. Se esse tipo de manejo da teoria, de fato, ajuda na transmissão da psicanálise, é porque ele não se presta, pura e simplesmente, a traçar uma continuidade entre judaísmo e psicanálise. Trata-se apenas de uma metáfora que reafirma a alteridade como fundante dos dois campos que se movem na dimensão do vazio que subjaz à linguagem, e toda metáfora implica, justamente, a possibilidade de uma diferença entre os dois campos que associa.

A ESCUTA DO SILÊNCIO

As observações de Jean Lyotard em *Figura foracluída* acerca da teoria da religião de Freud desenvolvida em *Moisés e o monoteísmo* destacam a idéia de que a lei mosaica operou na cultura um retraimento do visível ao legível-audível. As palavras de um poeta ajudam a ilustrar esta proposição: "A seu povo, Deus manda escutar: 'Escuta, Israel.' Mas escutar o quê? Escuta as palavras do teu Deus; mas Deus está ausente e suas palavras sem voz, pela distância cortada de seus sons. Escuta o silêncio, pois é nesse silêncio que Deus fala à sua criatura ... O interdito original confere à não-representação seu caráter sagrado. A língua de Deus é a língua da ausência."[33]

Assim, a interdição de imagem é correlata à importância atribuída ao som e à letra. Escutar e falar são os sentidos que ocupam um lugar de destaque na liturgia judaica cuja prece principal tem o nome de *Schemá* (Escuta). O verbo hebraico para "escutar" (*lishnot*) significa cumulativamente *escutar, ouvir* e *obedecer*. O Texto é lido em voz alta, e o que, no Ocidente, entende-se por *escritura* na expressão Sagradas Escrituras em hebraico se diz *mikra*, leitura. De qualquer modo, os que fundaram o judaísmo passaram na tradição a leitura-escritura da Palavra não como desvelamento, mas como criação de sentido.[34] Não cabe aqui adiantar este tema que será amplamente desenvolvido no próximo capítulo. Apenas é suficiente frisar que o judaísmo operou uma passagem do ver à escuta: não se vê um texto, mas lêem-se as letras, ou, o que dá no mesmo, "ouve-se" a errância das letras que se combinam infinitamente diante do silêncio de Deus. E nesse sentido, considerando as contribuições de Lyotard, pode-se dizer que o judaísmo é a expressão de um olho que se fechou para que a palavra fosse ouvida.[35]

A psicanálise é decerto tributária dessa primazia da escuta como referência ética e como base de seu método clínico. Historicamente, ela rompeu com a clínica do olhar sustentada naquela época pela prática da hipnose e da sugestão, instalando um dispositivo original: associação livre – errância da letra – para o paciente; *escuta* flutuante para o analista. Essa cesura inaugurou um nova modalidade clínica: escutar o sintoma corresponde a encontrar uma pluralidade de sentidos para esse signo. É que perscrutar a alma humana introduz a alteridade no seio da relação médico-paciente: a presença do analista abre uma ordem terceira entre o *eu* e o *tu* da relação do diálogo comum, para reconduzir o sujeito na direção da realização de sua verdade psíquica. Neste movimento, reside a diferença entre a psicanálise e outras psicoterapias que, ao longo dos séculos, o homem procurou e procura para aliviar a dor psíquica. O dispositivo analítico se aproxima assim da ética iconoclasta mosaica, onde o homem, para compreender o nexo das coisas dirigindo-se ao sem Nome, obtém como única resposta audível o eco devolvido de sua própria voz.

Curiosamente, a psicanálise lacaniana – que, como bem observa Certeau, é marcada em diversos lugares teóricos pela tradição cristã e sua relação com o falante –[36] foi buscar, na escritura que grava o Incognoscível (YHVH) elementos para pensar o ateísmo: "A verdadeira fórmula do ateísmo não é que Deus está morto, ... a verdadeira fórmula do ateísmo é que Deus é inconsciente."[37] Este dito aproxima-se da realidade de *kadosh*, o Estrangeiro dos estrangeiros, pura inscrição da diferença que, separado e distante de tudo e de todos, encontra neste limite uma interdição de toda a representação. Que Deus seja inconsciente é a formulação lacaniana de que o Nome de Deus não seja jamais apreendido.

Obviamente que, em toda essa construção acima, o interesse de Lacan encontrava-se além de qualquer especulação teológica. Ela é produto de sua formalização da metáfora paterna (Nome-do-Pai) e de sua preocupação em chamar a atenção dos analistas para o ateísmo da escritura freudiana e com isso preservar a psicanálise da idolatria. Vale lembrar que foi a partir de suas indagações sobre o vazio, no contexto de *A interpretação dos sonhos*, que Lacan enuncia essa sua concepção de ateísmo.

Analiticamente, ao situar o analista "como aquilo que no passado se dizia um *santo*",[38] Lacan segue (talvez sem o saber) a etimologia da palavra hebraica *kadosh*, que significa *separado*. Foi a partir dos místicos católicos (Mestre Echkart, Teresa de Ávila, Angelus Silesius e Jacob Boehme) que Lacan buscou sustentar esta metáfora, pois sabe-se que estas destacadas figuras da espiritualidade cristã foram procurar, na separação, na solidão e no isolamento condições para romper com o pensamento totalizante da Igreja católica e experimentar Deus direta e subjetivamente. Num gesto de oposição à maioria compacta, os santos e místicos católicos procuravam, na errância e na solidão, uma experiência espiritual fora dos quadros tradicionais da teologia dogmática. A fala mística aparece, desse modo, como um ponto de fissura no discurso dos que se pretendem iguais. Lacan verificou, na estrutura do discurso místico, o mesmo destino que Freud havia reconhecido em um certo judaísmo que sentia compartilhar com alguns: um pensamento em desacordo com a maioria compacta, com os idólatras que se estruturam em torno de bezerros de ouro, para encobrir e compensar a angústia do desamparo ou o horror à castração.

Na história da psicanálise, a questão da alteridade remonta à sua fundação quando da concepção do lugar do analista. A exigência de separação se constituiu no próprio da análise, onde o Outro reaparece sempre e, fundamentalmente, na natureza mesma do vínculo analítico.

"O AMOR É FORTE, É COMO A MORTE"

Em sua obra *História e psicanálise*, Michel de Certeau mostrou com riqueza de argumentos que o discurso freudiano é a "novela", a "ficção" que retorna ao mundo da ciência. O autor se fixa em evidenciar o quanto, desde o início da psicanálise, a maneira como Freud tratava seus pacientes não apenas rompeu com o "olhar científico" pretendido para o "tratamento da alma", como operou mudanças sobre o modo de escrever do inventor da psicanálise. Diz Certeau que, em Freud, "O 'estilo' da novela se converte no da escritura teórica. A forma bíblica, gesto literário pelo qual se expressa o conflito da Aliança, isto é, o processo histórico entre YHVH e seu povo, parece remodelar à distância o saber psiquiátrico para conformar o discurso do processo transferencial entre analista e analisando."[39] Esta afirmativa está diretamente ligada às investigações do autor sobre as implicações do discurso psicanalítico com a reminiscência da literatura bíblica na obra freudiana e particularmente no que diz respeito ao processo de historicização de uma análise.

Pode-se concordar com Certeau desde que seja possível reconhecer, na psicanálise, um retorno da lógica dos efeitos de leitura e reescritura dos textos, própria à tradição semítica e judaica da narrativa. Tanto a Bíblia como *As mil e uma noites* testemunham a presença de um pensamento que dá lugar à palavra em seu "estado nascente, lugar de enunciação, excessiva a todo e qualquer enunciado", conforme a expressão de Marco Antonio Coutinho Jorge[40]. O pensamento ganha, nessas narrativas, o estatuto de ser, por excelência, nômade e errante: lugar de criação e de invenção. Por isso Borges, grande leitor de *As mil e uma noites*, disse, em *História da eternidade*, que as *Noites* significam acrescentar sempre um outro dito ao texto – uma experiência de linguagem inqualificável e inesquecível.

O método bíblico de Jó – "Que eu fale e encontre alívio!" (Jó, 32:20) – ou a astúcia de Sherazade, que escapa da morte ao fazer valer a primazia da palavra em sua relação com o outro, podem ser reconhecidos como "velhos ancestrais" da cena analítica, o que não quer dizer que sejam idênticos. Jó e Sherazade são exemplos conclusivos de que o sujeito se nomeia na multiplicidade da palavra. E a histérica descobriu, antes mesmo que Freud tivesse dado a seu método o nome de psicanálise, que a *talking cure* era uma experiência de linguagem que aliviava sua dor. A prática clínica de Freud, ao par da ficção e da narrativa, aciona a singularidade do sujeito porque é experiência de fala.

Para melhor pensar os efeitos do texto bíblico sobre a invenção freudiana para os quais Certeau chama a atenção, o *Cântico dos cânticos* é um texto exemplar, pois trata-se de um poema onde a tensão absoluta do amor do sujeito pelo Outro tem sua vazão no paradoxo de um encontro que é, já em si mesmo, separação:

> Ponho-me de pé
> para abrir ao meu amado:
> minhas mãos gotejam mirra.
> Meus dedos são mirra escorrendo
> na maçaneta da fechadura.
>
> Abro ao meu amado
> mas meu amado se foi..
> Procuro-o e não o encontro.
> Chamo-o e não me responde... ...
> Filhas de Jerusalém, eu vos conjuro.
> Se encontrardes o meu amado, que lhe direis? ...
> Dizei que estou doente de amor!"
> (*Cântico dos cânticos*, 5:6 e 8)

Suprimido no século I a.D. das Santas Escrituras por ter sido considerado uma simples parábola, o *Cântico dos cânticos* foi reinscrito no Livro dos livros um século depois. A exegese que permitiu sua legitimação diz que o poema revela o amor entre YHVH e seu povo. Gravado como um selo no coração da liturgia judaica, o poema de amor pelo Outro tornou-se uma espécie de hino à liberdade: canta-se o poema em Pessach, festa de comemoração da saída dos judeus do Egito. No *Cântico dos cânticos*, o amor entre Salomão e sua amada, Sulamita, ou, conforme a interpretação talmúdica, entre YHVH e o povo, alimenta e preserva sua intensidade "nessa combinação entre gozo e interdito, de separação fundamental que, no entanto, une."[41]

Em meu leito, pela noite,
procurei o amado da minha alma.
Procurei-o e não encontrei!
Vou levantar-me,
vou rondar pela cidade,
pelas ruas, pelas praças
....
Procurei-o e não encontrei.
(*Cântico dos cânticos*, 3:1-2)

O amor, representado no *Cântico dos cânticos* como antídoto poderoso contra a morte – "o amor é forte, é como a morte" (8:6) –, toma o sentido da lei da separação: da não fusão entre o amado e a amada. É essa separação que legitima o impossível – um impossível que, como soube reconhecer Kristeva, é erigido em lei amorosa. Sob este aspecto, seria possível afirmar que esse poema bíblico é um paradigma sugestivo, na figura de uma belíssima metáfora teórico-poética do operador processual do tratamento analítico: *o amor de transferência*.

O que as histéricas ensinaram a Freud foi que adoecer de amor é fazer sintoma; um derivado do recalcado, o território interno estrangeiro do eu.[42] As intervenções de Freud a partir deste ensinamento dirigiram-se no sentido de acolher todas as moções afetivas do paciente (amor e ódio) e de lhes dar um estatuto de verdade. Com isto, viu-se Freud obrigado a seguir "um caminho para o qual não existe modelo na vida real",[43] de modo a acolher o retorno do recalcado, daquilo que regressa sub-reptícia e insistentemente. Os tratamentos analíticos conduzidos por Freud, desde que descobriu a importância da transferência, passaram a ter como método acolher e despertar no analisando a forma elementar das energias pulsionais (o afeto) e as lembranças recalcadas. Esta regra de ouro de todo tratamento analítico, além de ter causado escândalo na comunidade médica da época, revelou-se de difícil manejo, mas constitui e convoca a presença necessária da ausência do objeto para fazer circular a pulsão: "É inegável que dominar os fenômenos de transferência cria, para o psicanalista, as maiores dificuldades, mas não se pode esquecer que justamente nos brindam com o inestimável serviço de tornar atuais e manifestas as moções de amor escondidas e esquecidas dos pacientes; afinal ninguém pode ser sentenciado *in absentia* ou *in effigie*."[44]

Num paralelismo que se pudesse traçar entre o poema bíblico de Salomão e o tratamento analítico, o analista ocupa o lugar preciso do amado, que é, em última instância, o de manter a tensão da alteridade absoluta para, no tempo singular de cada paciente, reconhecer o amor. Diz o Amado do *Cântico dos cânticos:*

> Filhas de Jerusalém,
> pelas cervas e gazelas do campo,
> eu vos conjuro
> não desperteis, não acordeis o amor,
> até que ele o queira! (3:5)

As observações freudianas sobre o amor de transferência avizinham-se das cautelas do poema bíblico: "Sabe-se que certos médicos que praticam a análise com freqüência preparam suas pacientes para o surgimento da transferência amorosa. Dificilmente posso imaginar um recurso técnico mais insensato. Assim procedendo, se tira do fenômeno o caráter eminente da espontaneidade, e criam-se obstáculos de difícil remoção."[45] E todas as recomendações que Freud faz sobre o manejo da transferência, longe de se constituírem regras morais, exigem do analista que ele ocupe o lugar de objeto do desejo para o analisando; se o analista não aceitar fazê-lo, fica impedida a circulação pulsional pela qual emerge o sujeito. O amor de transferência faz obstáculo à cura, mas é através dele que o analista conduz o tratamento desde que saiba dele valer-se: aceitar o amor, propondo ao analisando que teça com palavras sua história de amor pelo Outro.

O acolhimento dos fenômenos transferenciais, sejam eles positivos ou negativos, é um valor ético da psicanálise e o que sobretudo a distingue de outros tratamentos que favorecem a produção do idêntico para apaziguar a angústia do sujeito no encontro com a diferença, com o outro de si mesmo. Mas se o analista furta-se a seu ato, faz-se violência à produção da singularidade do sujeito, o que pode significar sua morte: como na luta de Jacó com o Anjo, ele convoca o dom da palavra na batalha com aquilo que devia permanecer em segredo mas que veio à luz.

Desenvolver uma prática clínica capaz de interrogar as verdades e certezas do sujeito e com isso avançar e sobrepujar as representações do psíquico até então conhecidas foi *a prioridade de Freud no início de seu percurso.* Muito já se disse sobre isso, mas talvez sua melhor caracterização seja oferecida pelo próprio Freud em carta endereçada a Fliess, no início do século XX, onde conta ao amigo o modo como decidiu enfrentar as dificuldades mais penosas do trabalho analítico:

> As perspectivas pareciam ser as mais favoráveis no caso de E. – e foi aí que sofri o golpe mais pesado. Exatamente quando eu acreditava ter a solução nas mãos, ela me escapou e vi-me forçado a virar tudo pelo avesso e montar tudo de novo e, nesse processo, perdi tudo aquilo que parecera plausível até então. Não consegui suportar a depressão que se seguiu. ... Quando não estou bem-humorado e senhor de mim mesmo, cada um dos meus pacientes é um torturador. Cheguei até a acreditar que teria que desistir ali mesmo. Encontrei uma saída renunciando a qualquer atividade mental consciente, de modo a tatear às cegas entre meus enigmas."[46]

A irreversibilidade desta posição, a ausência de uma "pátria comum" com o mesmo, é que levou Freud a interessar-se por aquilo de que Breuer havia se desinteressado e descobrir a psicanálise: Breuer abandonou o tratamento da paciente Anna O. que por ele se apaixonara; não tendo conseguido suportar o amor de transferência, não pôde ver as possibilidades clínicas abertas pela emergência deste fenômeno. No caminho inverso ao do colega, Freud se dirigiu ao encontro de Outrem, dessa presença Outra distante, invisível e estranha. Foi quando se viu face-a-face com o inesperado, inesperado que embaralha categorias, normas e saberes estabelecidos, fazendo aparecer a multiplicidade que renova a vida e que instaurou, definitivamente, o dispositivo analítico.

Com isto, retorna-se às condições que Freud designou como as mais favoráveis para que o analista pudesse enfrentar as resistências à psicanálise: o isolamento e a solidão. A exigência de *separação* tornou-se específica da psicanálise, onde a alteridade reaparece sempre e, fundamentalmente, na natureza mesma do vínculo analítico: Freud reconhece na luta antiidolátrica um paradigma favorável ao exercício da desmontagem que a psicanálise deve operar dos saberes totalizadores. Se este elemento da práxis freudiana de alguma maneira pode relacionar-se com a vivência na Diáspora e com a luta antiidolátrica inscrita no *corpus* da doutrina mosaica, então a permanente diferenciação que busca uma análise cruza com o próprio de uma estrutura social permanentemente desassossegada no espaço e obrigada a desfazer todas as representações que, eventualmente, recubram a idéia impensável de um Deus separado, *kadosh.*

V.

Interpretação: Errância e Nomadismo da Letra

Em cada palavra *brilham muitas luzes.*
Zohar, III, 202

Sobre esta base, criou-se uma arte da interpretação destinada, por assim dizer, a extrair do minério bruto dos acontencimentos não intencionais o metal dos pensamentos recalcados.
Sigmund Freud

Certa vez em Auschwitz, a grande fábrica de morte da Segunda Guerra Mundial, a Gestapo enforcou uma criança diante de milhares de prisioneiros, que estavam obrigados a assistir àquela cena indescritível. Mesmo para um escritor como Elie Wiesel, que depois viria a ser laureado com o Prêmio Nobel, narrar este episódio era quase impossível: presenciar a morte daquele "anjo de olhos tristes" foi, para ele, a vivência do assassinato da humanidade. Num esforço surpreendente, ele conta que naquele momento ouviu uma voz dentro de si responder à pergunta que era de todos: "Onde está Deus agora?" E a resposta era: "Aí está Ele – ali, pendurado naquele patíbulo".[1] Foi neste mesmo campo de extermínio que alguns judeus decidiram colocar Deus em julgamento, sob a acusação de ter abandonado seu povo às atrocidades dos alemães: o conselho formado para julgá-Lo, tomado pela perplexidade e incompreensão diante daqueles horrores, considerou-O culpado e condenou o Eterno à morte. O rabino foi quem pronunciou a sentença, convocando em seguida a todos para a leitura vespertina da Torá.[2]

Mas é o próprio Wiesel – à diferença de um Nietzsche, que pôde gritar "Deus está morto!" – quem diz estar impedido, como judeu, de renegar Deus, "pois sua cólera está no interior da fé e não fora". O judaísmo do escritor encontra apoio nos profetas bíblicos para protestar contra o Silêncio, a impenetrável Justiça, a intolerável Ausência de YHVH: "Os textos evocam numerosas ocasiões nas quais profetas e sábios revelaram-se, em períodos de perseguição, contra a não intervenção divina no assunto dos homens.

Abraão e Moisés, Jeremias e o rabino Levy-Yitzhak de Berditchev nos ensinam que está permitido ao homem fazer processo contra Deus, sempre que o faz em nome da fé em Deus. Dói? O que se pode fazer! Às vezes é preciso aceitar a dor da fé para não perdê-la."[3]

Wiesel insiste em demonstrar que a fé em Deus, no judaísmo, deve ser identificada à fé na Palavra, e não à crença em um ente ou um ser supremo. A exemplo de Blanchot que, conforme se viu, apresenta a concepção judaica de Deus como indissociável da experiência de linguagem do homem com Aquele que exclui toda a relação, Wiesel considera que a prática milenar de *leitura-escritura* do Texto é o centro estruturante do judaísmo e a garantia de sua transmissão.

O ATEÍSMO DA ESCRITURA

Já foi dito que a relação do povo judeu com seu Deus se estruturou em torno do Livro dos livros, mais precisamente da Torá ou Revelação – um código falado e escrito de comunicação dos homens entre si e do homem com o divino. Esse livro e essa tradição constituíram, ao longo dos séculos, a um só tempo o eixo estruturante da religião, da ética e da política do povo judeu, bem como o espaço no qual os judeus desenvolveram uma práxis singular de interpretação que se revelou capaz de sustentar a permanência do judaísmo e de seus desdobramentos – a judeidade e a judaicidade.

Nômades, como as letras hebraicas que se aglomeram no branco de um pergaminho ancestral, os doutores da Lei e os comentadores do Texto ousaram dizer sempre mais do que no Livro aparecia manifesto, tornando-o, desde tempos imemoriais, um território que se prestou ao amplo acolhimento das subjetividades emergentes. Assim, vagando pelo mundo através dos séculos e das gerações com letras e palavras transbordantes de sentidos, o povo judeu soube fazer da interpretação uma prática de deixar às letras a possibilidade de serem letras e de aproveitar os brancos do Texto como uma reserva de sentido sempre disponível para o leitor/intérprete. Esta incessantemente reencetada missão de ler as letras, multiplicar as combinações entre elas, reescrevendo-as num movimento contínuo de construções significantes singulares acerca da origem, do valor e do sentido da vida e da morte, acabou – conforme afirmaram algumas vezes Freud e Lacan – por designar o judeu como *aquele que sabe ler*. E se é verdade que a religião começa onde se pára de ler, conforme demonstra Lacan em "Transmissão e Talmude",[4] é forçoso dizer que há no judaísmo um ateísmo por se extrair: ele exige do intérprete da Revelação, o compromisso de dessacralizá-la fazendo-a nascer de novo, recriando-a, inventando-a como no dia da criação.

O talmudista é, por princípio, um "traidor" de toda e qualquer "leitura" imutável, isto é, religiosa – que impeça a produção de pensamentos. Ele se pergunta sobre o que lê e, por esta via, extrai dizeres outros, nunca os mesmos. Trata-se, como faz notar Henri Atlan, de garantir a lei antiidolátrica do segundo mandamento e o ateísmo da escritura. A luta contra a idolatria evita a ilusão da posse do sentido. O Texto é inconquistável e inapreensível. Dito de outra forma: "Os paradoxos da linguagem e de suas significações são de tal ordem que um discurso sobre Deus que não seja idólatra, que se abstenha de apreender ou conquistar seu Nome, é, inevitavelmente, um discurso ateu.[5]

Mas o fato de o judaísmo carrear o ateísmo não impede que muitos se tornem religiosos. É que, na busca de preencher-se o vazio, por vezes interrompe-se a arte de tecer as palavras, recobrindo-se forçosamente o sagrado de apenas um sentido, uma significação fixa e imutável. O judeu religioso é aquele que corporificou o Texto, elevando-o à categoria de ídolo, isto é, "deixou de lê-lo", abandonou suas letras e acabou por cortar o fio do tecido de uma escrita sempre renovada. Assim, toda e qualquer religiosidade dogmática corre o risco de paralisar a leitura e impedir a escrita.

Mais além da exegese que se prolifera dentro de uma determinada cultura sobre a qual o exegeta tece comentários que são, imediatamente, reabsorvidos pela tradição,[6] o modo de leitura talmúdica percorre itinerários diferentes: situa-se, por razões lingüísticas e por exigência ética, mais próxima do campo da interpretação, onde a palavra vinda de fora introduz uma diferença no seio da tradição. Com efeito, as vias e métodos da interpretação judaica obedecem a um modo único e original que exige a presença de uma exterioridade capaz de fazer produzirem-se novas palavras, para além de todo o conhecimento do Texto. A leitura da Bíblia hebraica, como nota David Banon, "é uma hemorragia permanente, por onde o Texto se abrirá ... deixando transparecer a ordem ética que o constitui".[7] Os intérpretes incessantemente tecem comentários que ultrapassam qualquer conhecimento convertido em saber. O leitor judeu erudito dos Lívros Sagrados, não os decodifica nem tampouco prende-se às explicações disponíveis. Ele produz em suas idas e vindas à Escritura, ele cria, reescreve e renova, trocando com o outro e com o mundo sem com isso apropriar-se do outro e do mundo. A leitura talmúdica não cessa de ir além da situação na qual foram forjados os textos e, nesse sentido, ela é sempre criativa e transformadora.

A marca singular dos antigos escribas e intérpretes judeus do Antigo Testamento foi a de impedir seu fechamento através dos séculos. Ou seja, eles não permitiram a fixidez das letras do tecido escritural, fazendo incindir sobre as páginas do texto bíblico uma leitura aberta ao infinito. Assim, o conjunto dos livros sagrados do judaísmo tornou-se uma obra aberta, como diria Umberto Eco,[8] já que os rabinos e intérpretes das Escrituras fizeram dos textos uma fábrica de outros textos. E com isso alcançaram preservar, no espaço do Livro, a sempre visível subjetividade do leitor interpelado pelo enigma.

Trata-se de uma modalidade de leitura que permite a cada membro da comunidade se diferenciar de todos os outros, pela enunciação de um comentário sobre um texto cujas letras reúnem-se em um centro vazio de ídolos. E, nesse sentido, o dispositivo da leitura da Torá, como faz notar Gérard Pommier, contradiz a ideologia racista, já que assegura a subjetividade de cada um.[9] O trabalho de transmissão e renovação da Escritura também testemunha, segundo os excelentes estudos de David Banon em *Leitura infinita, os caminhos da intepretação talmúdica*, o caráter transcendente do sentido, sempre em ebulição, jamais apreendido por uma única significação. Isso é o que permite estabelecer correspondências surpreendentes entre o desconstrutivismo e outros métodos de leitura oriundos da lingüística contemporânea, e o método ancestral de interpretação na cultura judaica.[10]

Já se pode enfrentar uma questão antiga e delicada, explicitada por alguns analistas, que diz respeito à vizinhança entre o modo de interpretação do Texto bíblico na cultura judaica e a interpretação psicanalítica. Karl Abraham foi quem primeiro chamou atenção para uma homologia estrutural entre as duas modalidades de interpretação. Numa carta a Freud, por ocasião da discussão entre os dois sobre a importância de Jung estar à frente do movimento psicanalítico, Abraham escreve: "O modo de pensamento talmúdico não pode ter desaparecido repentinamente de nós. Alguns dias atrás, fui cativado, de modo singular, por um pequeno parágrafo de *Os chistes e sua relação com o inconsciente*; ao considerá-lo mais detalhadamente, achei que, por sua técnica e em toda a sua composição, era completamente talmúdico."[11]

Sabe-se que Freud sempre se recusou subordinar sua descoberta à racionalidade hermenêutica e que, justamente, conforme observou Michel Tort em *A interpretação*, ele só pôde descobrir a chave dos sonhos porque não era um hermeneuta. Assim, quando estabeleceu a interpretação como um dos eixos estruturantes de sua prática clínica, Freud rompeu com toda a tradição hermenêutica explicativa e descritiva, que limitava-se a restringir o sujeito a um mero objeto interpretável por um código prefixado, para convocar a palavra, a qual, conforme a expressão de Blanchot, "mesmo vinda de fora, vem de dentro,"[12] daquele que fala. Foi esta inversão radical das relações entre o saber e a palavra do outro que permitiu ao método psicanalítico priorizar a escuta do outro e abandonar a mesmidade do sentido prévio.

Ao construir uma concepção do psiquismo fundada na fala e na linguagem,[13] onde as palavras guardam suas duas virtudes, de fidelidade e traição,

Freud insistia em que o inconsciente apresenta uma pluralidade de sentidos e de vozes que testemunham a sobredeterminação de suas formações. Ao mesmo tempo, ele cuidava de impedir que a interpretação psicanalítica fosse transformada num terreno de parasita. Este foi o motivo pelo qual Freud, na *Interpretação dos sonhos*, promove uma severa crítica a seu colega Wilhelm Stekel, por este pretender reduzir a interpretação psicanalítica a um trabalho meramente exegético, limitando-a à tradução de símbolos oníricos em detrimento das associações do sonhador – a via régia de acesso ao sentido singular de um sonho.[14] Freud se opunha a qualquer *gnosis* de símbolos: entre os componentes principais que determinaram os pressupostos básicos da técnica de interpretação psicanalítica, o interdito do uso de qualquer código exterior aos significantes de uma formação inconsciente se estabeleceu como regra básica.

Em suma, a psicanálise não é uma hermenêutica explicativa ou descritiva que restringe o sujeito a um mero objeto interpretável pelo analista, nem tampouco uma teoria acabada, um saber meramente aplicativo, exato, fixo, unitário e imutável. Com isso chega-se a uma diferença fundamental entre o método freudiano e outras práticas psicoterápicas. Quando Freud desiste da hipnose, lembra Carlos Augusto Nicéas, e reconhece como verdade do sujeito o fenômeno da transferência, para em seguida dissolvê-la – porque resistência a análise –, dirige todo o dispositivo da interpretação para além de qualquer saber estabelecido. O analista responde, àquele que o supõe guardião de sua verdade, lembra Nicéas, "por um ato que põe o analisando diante da tarefa que lhe cabe de produzir o saber inconsciente, isto é, dando-lhe a palavra, pedindo-lhe que associe livremente ... ."[15] Rompe-se aí uma relação prisioneira do desconhecimento do Outro.

Fazer emergir, a partir da escuta da pluralidade de sentidos da pulsão, o sentido singular de cada significante em seu determinado contexto é a função da interpretação psicanalítica. Ela deve impulsionar o sujeito a empreender uma travessia de si mesmo e, a partir de apreensões diversas de sua história e do mundo, a efetuar mudanças. A interpretação psicanalítica, tal como Freud a concebeu, visa criar condições para que o sujeito perlabore as vicissitudes de sua história e seja instado a dar suas próprias respostas aos acontecimentos.

Para estabelecer os limites entre o projeto interminável de interpretação do Texto bíblico e a interpretação psicanalítica, é preciso pensar de que modo o dispositivo da intepretação se apresenta em dois campos diversos que guardam, ao mesmo tempo, identidade e diferenças radicais. De imediato impõe-se duas questões: como articular um vínculo entre os dois campos, onde localizá-lo? Será o caráter particular da psicanálise – uma disciplina por se fazer cotidianamente no encontro com o radicalmente

Outro – vizinho do caráter de inacabamento do judaísmo que se sustenta pelo recurso à alteridade imposta pelo Texto?

Tudo o que Freud não se cansou de demonstrar ao longo de sua obra é que o inconsciente denuncia a morte de uma verdade finalizada, estática, construída por um pequeno número de leis simples e imutáveis.[16] Nesse sentido, costuma-se frisar que a própria teoria psicanalítica não se presta a exegeses ou a uma hermenêutica filosófica,[17] pois o inconsciente freudiano não é apenas uma versão do que se disse sobre ele, mas criação constante. Tudo o que os antigos escribas judeus e talmudistas não se cansaram de demonstrar é que, na leitura infinita da Torá, reside uma experiência de linguagem anterior a qualquer conhecimento, porque submetida ao campo da ética. O pensamento de Lévinas permite perscrutar melhor essa idéia: "A ordem ética nos (re)conduz a Deus. Um Deus que não se mostra, pois se o fizesse se desmentiria, mas que, paradoxalmente, entretém uma relação com o finito através da marca .... Um Deus ao qual se quer ter acesso, sabendo-se sempre, porém, que ir até Ele não é seguir esta marca, que não é um signo, mas ir até os outros que se atêm a esta marca."[18]

Florilégio de leitura, ou Desdobramento de sentidos

A arte de interpretar os textos sagrados, desenvolvida dentro de uma determinada experiência, ancorou-se no que Lévinas chama de o princípio ético da diferença (ou da ética do outro): o Texto é um palimpsesto, seu sentido é sempre outro, e sua significação é devir, absolutamente distinto e transcendente. Como já se adiantou neste trabalho, Lévinas encontra na Lei judaica subsídios para falar de uma ética face ao outro que se arraiga numa anterioridade fundada no ser antes do Mesmo. Não há, na interpretação talmúdica, a conversão do Outro ao Mesmo: ela se dá no registro de uma abertura ética ao Indizível que fala aos homens em seu silêncio. Ler as Escrituras exigiu um intenso trabalho afetivo e intelectivo dos talmudistas para compreender a palavra de um Deus que se retirou após a entrega da Lei e não mais enviou mensagens.

Está escrito: "Porque esta palavra não é vazia para vós" (Deuteronômio, 32:47). Os talmudistas e rabinos tomaram este versículo bíblico ao pé da letra: para eles a palavra sagrada é plena de sentidos, polissêmica e múltipla – aberta à pluralidade das interpretações e sentidos *por vir*. O Texto, como qualquer obra de arte cujo sentido é inesgotável, está ancorado no mais além do simbólico: tecido de diferenças é criação *ex-nihilo*. Segundo o Talmude, a Torá foi entregue ao povo de Israel num "pergaminho de fogo branco, escrito em fogo negro".[19] O branco que circundou as letras gravadas pelo fogo negro permitiu a leitura, ou seja, os textos não estão apenas constituídos do que está escrito, mas também, e principalmente, do que não está escrito.

Como assinala Gaston Bachelard, "o fogo não está jamais imóvel. Vive quando dorme. O fogo vivido leva sempre o signo de ser tenso. As imagens do fogo são, para o homem que sonha, para o homem que pensa, uma escola de intensidade."[20] Em várias culturas o fogo aparece como um elemento fundador da civilização. No mito grego, Prometeu roubou o fogo dos deuses para dá-lo aos homens, e isso lhe valeu suplício eterno. Também no mito hebreu da escrita ígnea da Lei, o fogo participa com seus atributos de modificar, transformar e propagar-se. A lei mosaica, aquela que Moisés copiou como um escriba no Monte Sinai, é já repetição diferencial da escritura do Estrangeiro dos estrangeiros. Escrita interminável. Aliança intensamente renovada, terra prometida e promessa adiada.

Coube aos mestres-comentadores e aos doutores da Lei fazer da narrativa bíblica um laboratório de sentidos e novas significações do Texto. Migração de letras. Êxodo contínuo de palavras, estas eternas migrantes do desejo. Neste contexto, a interpretação judaica nada mais seria do que a criação de um *surplus* de sentido, o que permitiu a explosão do Livro dos livros em diversos livros[21] que constituem a Torá Oral: *Targumim*, Talmude, *Midrash*, *Zohar* etc... Ler e interpretar tornaram-se fonte da arte de escrever, e Israel tornou-se um reino de escritores: lá onde estava a letra de Deus, advêm os textos dos homens. *Wo Es war...*

Mas de que trata a Lei Oral? Por que o texto escrito precisou ser transmitido por comentários? Por que foi preciso interrogar, questionar e interpretar a Torá escrita? O que significa essa passagem da escrita à fala?

A função primeira da Lei Oral foi a de transmitir – através de seus comentários – as Escrituras à geração presente e às gerações futuras. A explosão das letras do texto bíblico para outros escritos sagrados caminhou junto ao exílio histórico do povo de Israel. Separar letras. Dispersá-las no branco do Texto, exilar palavras, formar outras e de novo fazê-las explodir e transmitir, a cada geração, a lei e a história do povo. Para os antigos hebreus, a força da transmissão estava na fala e por isso foi proibida, durante séculos, a transcrição dos comentários e interpretações da palavra escrita de Deus, que permaneceram na tradição oral. Apenas no século II de nossa era, com a definitiva dispersão e as perseguições maciças que se abateram sobre os judeus, foi permitido registrar a Torá Oral, e, com isso, escreveram-se obras imensas, como o *Midrash* e o Talmude. É necessário lembrar que o judaísmo não tem como cânon apenas um livro: somente a Torá escrita, se aclarada pelo Talmude, inscreve o leitor na leitura judaica das Escrituras. É esse o sentido da indissociabilidade entre a Torá escrita e a Torá Oral .

O *Midrash* é um dos livros que resultam da leitura interpretativa das Escrituras e designa o conjunto dos comentários exegéticos nascidos da necessidade de interpretação do Texto. Etimologicamente, a palavra *Midrash* vem da raiz *drash**, que significa demanda, procura, busca, inquérito, investigação. *Drash* é também um dos níveis de significação da interpretação hebraica, aquela que se refere à procura, à busca daquilo que não está no texto. No plano oposto, encontra-se o sentido *pshat**, que é o sentido literal. Além desses dois desdobramentos de significação das Escrituras, há ainda o *rémèz**, que é o sentido alusivo, e o *sod**, que vem a ser o sentido secreto. As iniciais destas quatro palavras formam uma sigla que, uma vez vocalizada, pronuncia-se *pardés**, palavra cujo significado é pomar, paraíso ou ainda jardim do conhecimento. Nenhum texto da tradição judaica expõe, com precisão, os caminhos difíceis da interpretação, até porque, segundo os estudiosos mais modernos, aos intérpretes antigos do Texto repugnava a metalinguagem do sentido.

Mas existe um texto talmúdico que, através de um apólogo, introduz à singularidade da interpretação de sentido entre os judeus. Seu título é já enigmático:

> "Não se interpreta." "Nossos mestres ensinam: quatro sábios entraram no Paraíso (Pardés): Ben Azzai, Ben Zoma, Ben Elisha (*Aher*) e Rabi Akiba. Este último diz: Quando virem mármore puro, não gritem: água, água; porque está escrito: 'Aquele que fala mentiras não permanecerá diante dos meus olhos' (Salmos, 101-7). O primeiro sábio acredita que o que vê é verdade. Ele morre. Sobre ele, diz a Escritura: 'É valiosa para YHVH a morte de seus fiéis' (Salmos, 116:15). O segundo observa o jardim e cada coisa que vê lhe parece dupla. Enlouquece. Sobre ele está escrito: 'Encontraste o mel? Come o suficiente, para que não fiques enjoado e o vomites' (Provérbios, 25:16). O terceiro entra no jardim e começa a aparar as plantações, a cortar as flores. O mundo começa a se tornar estrangeiro. Renega sua fé e se torna um outro (*Aher*). O quarto, Rabi Akiba, entra e sai ileso."[22]

A viagem do primeiro mestre refere-se ao sentido totalmente presente no texto: *pshat*. A viagem do segundo diz respeito à significação que está presente, mas incompleta: o *rémèz*. O texto sugere um outro sentido e este nível de interpretação é uma proposta que não cobre, forçosamente, toda a verdade do texto. A viagem do terceiro mestre refere-se à intenção profunda do texto: *drash*. O sentido está sempre ausente, e o texto solicita um questionamento, um ir além. Nesse nível de interpretação, várias interpretações coexistem. O Rabi Ben Elisha, o terceiro mestre, transformou-se em outro (*Aher*). Sobre este rabi, conta-se que tornou-se um dissidente, estrangeiro, herético, o que se encontra no limiar, a meio caminho. O paradoxo desse apólogo é que o sábio herético torna-se o paradigma da interpretação talmúdica. O *Midrash* é um dizer que precede o dito, isto é, uma intervenção capaz de ultrapassar o conhecido. No quarto nível, o *sod*, o sentido é misterioso e secreto. É o resto da operação significante de qualquer interpretação. Todo o texto deixa um mistério e não há como desvendá-lo para extingui-lo, como percebe o rabino Akiba, que entra e sai ileso do paraíso da linguagem.

O Talmude, que significa etimologicamente *estudo*, é o livro guardião da transmissão. Ele encontra sua memória gráfica na letra *lamed*, a única do alfabeto hebraico a ultrapassar a linha da escrita, o que é sinal de transgressão, de buscar a interpretação no que está fora, de construir o novo texto, de ir além. Mais que o conteúdo dos comentários, que é circunstancial, o paradigma da transmissibilidade é a forma de idéia, o estilo que quase independe da materialidade dos fatos de vida que se buscam no Texto para entender e encontrar orientações práticas. A forma de comentar é o que se transmite. O modo como se lê, o modo como se pergunta sobre o real, o modo de o sujeito praticar a leitura é a potência, o suporte da transmissão: a riqueza interpretativa que reúne letras produzindo palavras sempre novas, apresentando permanentemente novas significações.

O nome Talmude designa dois conjuntos de textos, sendo que um escrito é em hebraico (*Mishná**) e o outro em aramaico (*Guemará**). A *Mishná*, que etimologicamente significa *repetir*, é um tratado de decisões que se referem à legislação civil e religiosa do povo de Israel, em torno de seis temas: terra, tempo, feminino, sociedade, sagrado e morte. Ao contrário dos intérpretes do *Midrash*, cujos comentários obedeciam à solicitação de interpretação da própria estrutura lingüística do Texto Sagrado, no Talmude encontram-se os textos que surgiram a partir das demandas do povo no sentido de adaptar-se a novas situações de vida durante as sucessivas gerações. Os intérpretes da *Mishná* procuravam, na Bíblia hebraica, justificativas e embasamentos para as mudanças e adaptações históricas, geográficas e culturais dos judeus. Enquanto o *Midrash* expõe a lei oral sob a forma de uma explicação do texto bíblico, no Talmude a transmissão se dá independente de qualquer ordem explicativa. Pode-se dizer que o *Midrash* é expressão das explicações e descrições do texto bíblico e que as interpretações talmúdicas estão para além dos signos traçados da Torá e são expressões do ato de invenção e criação de sentido. Aqui, a escrita bíblica só traz o passado na medida em que é um suporte, princípio organizador de cada sujeito e do grupo em seu incessante devir: E assim, após proferir a condenação de Deus à morte, o rabino convocou todos para a leitura da Torá.

A *Guemará* – a palavra significa *acabamento*, *complemento* – é toda ela escrita em aramaico e diz respeito aos comentários, quase que palavra por palavra, letra por letra, do texto intermediário entre ela própria e a Torá: a *Mishná*. O intérprete abre um caminho que conduz a cadeia significante da *Mishná* à Torá, jamais o contrário. Assim, a ausência do texto bíblico é, paradoxalmente, o que marca sua presença na página do Talmude. Aqui, a circularidade do comentário em torno de um texto, que é ele mesmo repetição – *Mishná* – de um texto ausente-presente, figura a transmissão.[23]

Ao comentar uma passagem do capítulo VII de *A interpretação dos sonhos*, onde Freud diz que se deve tratar o sonho como a Escritura Sagrada, Lacan sugere que o modelo freudiano de leitura do relato do sonho é semelhante ao talmúdico. Segundo ele, o que Freud eleva à categoria de texto sagrado é exatamente o texto intermediário entre um texto primeiro, o que não se concebe senão como recomposto, e um outro que a elaboração secundária produz a partir deste primeiro. O trabalho do Talmude ilustra sua reflexão: a articulação entre o texto intermediário, a *Mishná*, e seu comentário, a *Guemará*, faz do Talmude a língua do sonho, a única que se fala e isto porque a que se escreve, a Torá, ainda segundo o próprio Lacan, está perdida.[24]

A escrita do sonho é uma das metáforas do inconsciente. Ela demanda, desde tempos imemoriais, interpretação, leitura, *drash*. Freud não hesita em se arriscar a romper com os modelos exegéticos que substituem o relato do sonho por um conteúdo inteligível. Em *A interpretação dos sonhos*, ele se refere à história bíblica de José, o intérprete dos sonhos do Faraó, como paradigmática deste tipo de deciframento que ele chamou de interpretação simbólica. Interpretar o "escrito cifrado"[25] significou, para o mestre de Viena, submeter o relato do sonho à leitura e, sem dúvida, tal escolha implicou, conforme comenta Blanchot, em sua forte "confiança no poder libertador da linguagem".[26]

Ler é *querer saber*, é querer conhecer o que não tem nome nem admite deciframento, o que não tem pátria nem tempo. O texto inconsciente é "a língua do Estranho, "linguagem do Outro", diz Assoun, para quem o sonho é um "pensamento como outro qualquer que se dá a ler."[27] Ler o inconsciente é reconhecer a força de uma verdade singular e de uma verdade histórica, é procurar o exílio mais recôndito, aquele em que se escondem as letras, para fazê-las de novo navegar, de novo exilar-se numa narrativa singular de um sujeito ou de um povo sempre em deslocamento. Ler é colocar a "alma nas letras". Ler é (re)escrever, saber peregrino. Ler o inconsciente é admitir que haverá sempre um resto inassimilável, um *sod*, o que não tem nome nem nunca terá, como no dizer do poeta. Ler psicanaliticamente um sonho é "deixar um lugar nas sombras, ... o umbigo do sonho, o lugar em que ele se assenta no não conhecido".[28] Como leitor convicto da escritura psíquica, Freud afastou-se de modo radical dos textos e das práticas religiosas, pois "o inconsciente é o psíquico verdadeiramente real e nos é tão desconhecido em sua natureza interna como o real do mundo exterior e nos é dado pela consciência de maneira tão incompleta como o é o mundo exterior pelas indicações de nossos órgãos sensoriais."[29]

"Pede-se fechar os olhos": leitura-escritura

Mas se a transmissão, que era função da Lei oral, não se pôde dar apenas na literalidade da escritura, é possível concordar com Lévinas quando este diz que a interpretação do Antigo Testamento faz parte da Revelação, a começar pela própria língua em que esta foi escrita: o hebraico. Trata-se de uma língua cuja estrutura interna lhe confere uma pluralidade de significações, colocando-a numa região do sentido onde, segundo a expressão lacaniana, "a palavra não é signo, mas rede de significações".[30] O termo hebraico para designar a própria língua hebraica possui, como já se disse, a mesma raiz (*ain-vav-reish*) de *transgressão*, *migrar* e *ruptura*. A língua hebraica é definida como traço – traço que engendra infinito, no exercício de gerar novos sentidos.

Do ponto de vista fonético, o hebraico é uma língua semítica de raiz triconsonântica que se presta a múltiplas interpretações. Tanto o hebreu quanto o árabe são línguas que autorizam somente a escritura consonântica. A esta raiz impronunciável, juntam-se interpontuações vocálicas que não se escrevem. Do ponto de vista dinâmico, a característica de escrever o que não se pronuncia e pronunciar o que não se escreve dá às línguas semíticas o caráter de inacabamento; o que exige do leitor o trabalho permanente de completá-la. Com efeito, ao juntar as interpontuações vocálicas (*nekudot*) – denominadas alma das letras – à raiz triconsonântica impronunciável, os antigos hebreus recriavam, a cada vez, o sentido da escrita. Aos poucos foram impostas as *matres lectionis* (mães da leitura), consoantes indicativas da aproximação de uma pronúncia vocálica (*aleph*, *he*, *waw*, *yodth*, *het* e *ayin*). Curiosamente, conforme fazem notar vários tamuldistas, três desses signos figuram no tetragrama que designa o Nome de Deus. Os gregos, inventores da vogal, transcreveram YHVH em sua versão da Bíblia apenas por vogais: IAQUÉ.[31]

Na língua hebraica, uma mesma raiz pode ser vocalizada de diversas maneiras e possuir, a cada vez, um novo sentido, dependendo do contexto e do intérprete. Por exemplo, as três consoantes da raiz hebraica s - p/f - r denotam, em sua indeterminação inicial, uma encruzilhada de significações. Os pontos vogais seguem o sentido dado pelo leitor: *sefer* (livro), *sofer* (escritor), *sipur* (conto), *lessaper* (contar), *sifrut* (literatura), *sfriah* (biblioteca) etc.[32] Esta estrutura consonântica do hebraico, que joga com câmbios vocálicos dentro de uma mesma raiz estável, permite mudanças fonéticas que vão trazendo no seu rastro, permanentemente, mudanças de sentidos. Trata-se de uma língua que reserva um espaço de singularidade à fala de cada sujeito.

Quando se imprime alma às letras, como diziam os antigos escribas, o sentido de uma palavra pode revelar significações inteiramente insólitas. É o exemplo que dá Rachi, o grande talmudista francês do século XII, que renovou o alfabeto hebraico ao interpretar o versículo III do Êxodo: "Quando Moisés interroga Deus sobre Seu nome, Este lhe responde: Eu serei o que serei. Este é o meu nome para sempre e esta é minha palavra para todas as épocas." Referindo-se à raiz hebraica da palavra "sempre" (*lé olam*) escrita de forma defectiva, sem o *vav* (som *o*) e resguardando a possibilidade de a raiz incorporar uma outra vogal, Rachi retoma um ensinamento do Talmude e interpreta a resposta de Deus como significando: "Meu nome deve ficar oculto." Ora, "oculto" em hebraico se diz *lé alem* e possui a mesma raiz (*ayine-lamed-meme*) que *lé olam* – todo o sempre.[33] A homografia (escrevem-se as palavras com a mesma raiz) e a heterofonia (lê-se diferentemente cada uma delas) são o espetáculo desta experiência da linguagem que se encontra nas páginas do Talmude.

O hebraico é uma língua que permite a existência de contrários e contradições no seio de uma enunciação, o que provoca surpresa no leitor: a raiz da palavra "repetir" (*li shnot*) é a mesma da palavra "modificar" (*le shanot*): *shin, nun, tet*. Similar é o paradigma que Freud descobriu para a leitura da linguagem do sonho: "O modo pelo qual os sonhos tratam a categoria de contrários e contradições é bastante singular. Eles simplesmente a ignoram."[34]

Os antigos hebreus não estavam trabalhados, como nós, pela necessidade de abstração, de síntese e de precisão na análise conceitual do real, herança dos gregos. A gramática semítica, como já se disse, não acolhe a própria noção de subordinação sintática de orações, a qual substitui quase sempre pela simples coordenação, marcando os síndetos aditivos "*e..., e..., e...*, onde caberiam as conjunções subordinativas *já que..., a fim de que..., quando...*;"[35] ou mesmo a conjunção coordenativa alternativa *ou*. O que possibilitaria pensar uma lógica das relações onde o verbo *ser*, tão caro à lógica judicativa, seria destituído em proveito da conjunção "e"? Essa lógica desenvolvida em um trabalho de Gilles Deleuze[36] é solidária de uma teoria do sentido que visa apreciar a realidade como constituída de corpos em constante interação. Dessas interações resultam acontecimentos (incorpóreos) que constituirão o objeto da lógica por excelência. Na interpretação talmúdica, os sentidos em sua multiplicidade apresentam-se como acontecimentos na linguagem.

O vínculo dos Livros Sagrados do judaísmo com a estrutura de exílio do povo judeu e a força do segundo mandamento foi determinante para a implantação de uma modalidade de leitura singular e original que "visa liberar, para além dos signos traçados, a 'plenitude de sentidos' do sentido".[37] O leitor desconstrói: ler não significa repetir o que está escrito. Ler o Texto é um modo de transformação e de criação, jamais decifração pela operação de uma chave simbólica que venha substituir um versículo por algo mais inteligível. Trata-se de trabalho semelhante ao que Freud atribui ao "trabalho do sonho": processo de elaboração onde a atividade de um pensamento sem qualidades não é nem pensar, nem calcular, nem, de um modo geral, julgar, mas unicamente transformar.

Pede-se
fechar os olhos.

Este era o texto de um "cartaz impresso" que aparece em um sonho que Freud teve na noite seguinte à do sepultamento de seu pai e que relatou em uma carta a Fliess; mais tarde, retomou-o em *A interpretação dos sonhos*. Essa obra, de 1900, tem um sentido subjetivo bastante acentuado para Freud: "era parte de minha auto-análise, minha reação diante da morte de meu pai; vale dizer, diante da perda mais terrível na vida de um homem".[38] Freud diz que é impossível não reconhecer a influência desse fato doloroso em sua vida. Ele o levara a descobrir que o sonho é uma escritura que demanda leitura: "O conteúdo do sonho se dá, por assim dizer, em uma escritura de imagens cujos signos devem ser transferidos um por um à língua dos pensamentos do sonho. Cometeríamos um erro ao pretender ler esses signos segundo o valor de imagem, em lugar de lê-los segundo suas relações com o signo."[39]

Há que ler o desejo: sem terra, sem pátria e sem objeto, ele vaga por um deserto, cujas trilhas conduzem o leitor à experiência limite mais-além do que aparece na imagem.

Freud escreveu a Fliess que o cartaz que aparece no sonho associava-se à barbearia na qual estivera no dia das exéquias do pai. Sua ida àquele local fizera com que ele se atrasasse para o funeral, e isto provocou mais raiva em sua família, já descontente com sua decisão de dar ao pai um enterro discreto e simples. Freud constata que o cartaz tem um duplo sentido. As letras se rearranjam para dizer que: "Cada qual deve cumprir seu dever para com o morto. (Um pedido de desculpas, como se eu não o tivesse feito e estivesse precisando de clemência, e tomado literalmente)."[40] Algum tempo depois, na *Traumdeutung*, Freud cita o sonho e o representa da seguinte forma:

os
Pede-se fechar olho (s)
um

Diz Freud: "Cada uma dessas versões tem seu sentido particular e leva à interpretação do sonho por um caminho diverso."[41] A inscrição "Pede-se fechar um olho" significa o pedido de indulgência à família por seu atraso para o funeral. Em alemão, a expressão tem o sentido moral de manifestar indulgência, como de resto tem em português. Por sua vez, "Pede-se fechar os olhos" representa o dever sagrado para com os mortos – dever que Freud cumpriu com relação a seu pai: "Eu havia escolhido o cerimonial mais simples porque sabia o que o morto [meu pai] pensava sobre os tais protocolos cerimoniais."[42]

Mas quando se fala em variedade de sentidos, tanto na interpretação psicanalítica quanto na talmúdica, isto não significa que elas estejam abertas a todo e qualquer sentido. Se na análise cada sentido obedece à história do sujeito e apenas e exclusivamente a suas associações, no judaísmo cada versículo traz um germe de leituras polissêmicas, o que não quer dizer que estas possam ser arbitrárias e incoerentes. A leitura à letra é o denominador comum a estes dois campos e convém lembrar que, sendo deslocável e empunhável, a letra é transmissível e, justamente, por essa transmissibilidade própria, transmite aquilo que ela é no meio de um discurso: o suporte.[43] Permanentemente, obrigado a renunciar ao que já foi dito em favor de um outro, o leitor cria novos sentidos à escritura.

Trata-se de enunciar uma *verdade nômade*. O Texto, tecido de letras errantes que demandam sentidos diversos, é atópico: "O livro da errância nada mais é do que a errância do livro",[44] diz Jabès. Logo o leitor é sem terra, o que significa não se fixar nem se acomodar em lugar algum; e o nomadismo, já o disse Blanchot, é a exclusão de qualquer possessão.[45] Na trilha deste mesmo autor, pode-se dizer que o processo analítico ocorre sob o signo da errância da letra: o sujeito em análise torna-se um construtor de palavras, sendo que cada palavra, por sua vez, "diz uma verdade sem dizer a verdade".[46]

Se no hebraico a leitura está obrigada a adicionar o que não pode ser escrito (as vogais ou alma das letras) à escritura (que *a priori* não pode ser dita, porque é apenas raiz consonantal), na decifração do desejo há também que "dar alma" à escritura psíquica, conforme se aprende com Freud. Isto significa fazer com que o sujeito venha subjetivar seu próprio texto, sua história. "A técnica que descrevo nas páginas que se seguem ... impõe a tarefa de interpretação à própria pessoa que sonha":[47] a associação livre do analisando, meio pelo qual advém uma interpretação, é a "alma" da análise. O analisando separa as letras de seu texto para finalmente ler o que nunca pôde falar. O analisando torna-se um "peregrino": segue a errância da letra em suas associações, o espaço da emergência de sua singularidade. A escuta flutuante é, então, o meio pelo qual o ouvido lê, isto é, o analista se põe a escutar um texto que está fora da paisagem, propriamente invisível, para fazer as *construções* necessárias à garantia da continuidade das elaborações do paciente. Desta forma, o analista também é leitor da infinita melodia da pulsão.

Se a língua hebraica por si só solicita interpretação, a composição da escrita bíblica reforça esta demanda. Na Bíblia, o texto não é pontuado: ele se apresenta como uma seqüência quase ininterrupta de signos diante do leitor, sem qualquer corte de frase. Apenas alguns acentos conjuntivos-disjuntivos têm a função de ritmar para produzir o sentido: os *te'amim* – palavra que deriva de *taam* que quer dizer "discriminar pelo sabor". Esses acentos permitem a pausa e a modulação, indicando uma associação ou dissociação entre as letras. Segundo alguns estudiosos e comentadores do Texto Sagrado, a Torá seria apenas uma única e só frase, transcrita sobre um rolo de pergaminho que enrola e desenrola a frase interminável. Como abordar um texto cuja condição se aproxima do ilegível?

Do ponto de vista metodológico, o primeiro trabalho dos intérpretes foi introduzir rupturas entre as letras para formar as palavras e efetuar cortes entre estas para construir frases. A criação desses espaçamentos[48] permitiu uma abertura para fora, para o exterior, e eles foram utilizados pelos rabinos na criação de interpretações diversas, tornando cada branco criado no texto uma "reserva de sentido disponível para o leitor".[49] Barthes, em *O prazer do texto,* diz que o escritor e seu leitor se submetem à primazia da letra,[50] a qual obriga a ambos a navegar pelos brancos do papel buscando exilar cada letra de aglomerados que demandam explosão e exílio.

A respeito de um versículo do Pentateuco relativo à transmissão da lei – "Fale aos filhos de Israel, *leemor* (nestes termos)" – e de sentido claro, sem mistérios, Lévinas conta que seu mestre do Talmude dizia ser capaz de propor 120 interpretações diversas dessa locução. Ensinou-lhe que se podia efetuar um corte e desdobrar o *alef* (som *e*) e escrever *ló èmor*, "não dizer". Com isso, o talmudista leu o versículo da seguinte maneira: "Fale aos filhos de Israel para não dizer", cujo sentido toma a seguinte forma: "É preciso um não dito para que o ouvinte se ponha a pensar." Por outro lado, o próprio Lévinas, fazendo sua leitura desta mesma passagem bíblica, pôde fonetizar a raiz da palavra *leemor* (dizer) de uma outra maneira, o que lhe facultou lê-la assim: "Fale aos filhos de Israel para que eles digam." Com isso, nasce a possibilidade de uma nova significação: "Ensine aos filhos de Israel, tão profundamente, para que eles entendam ao ponto de dizer."[51] Ou seja, a transmissão residirá na palavra que cria palavras.

Percebe-se neste exemplo a atividade de desconstrução que gera uma explosão de sentido e um movimento de reescritura como senso da diferença, da separação que aprofunda a trajetória do saber. O dito e o não-dito não se contradizem: coexistem no mesmo texto de signos e brancos que se sucedem. Os signos não remetem a nenhum sentido fixo, mas a uma diversidade de significações. É preciso assinalar igualmente que todas as interpretações coexistem na página do Talmude, mesmo quando contraditórias. Esta singularidade de manter as contradições no seio da tradição reserva a um certo judaísmo, desenvolvido na paixão pela letra, a marca de uma doutrina antidogmática comprometida com a pluralidade de sentidos e a produção de pensamentos. Porque esta escrito: "Duas opiniões são palavras de Deus."[52]

Também no dispositivo analítico, não há conflito entre interpretações, mas interpretações que se complementam. Um mesmo sonho pode proporcionar uma dada intepretação no início do tratamento e, anos depois, ganhar nova significação. O difícil, diz Freud, é reconhecer que a palavra do analisando é plena de sentidos e que haverá sempre um resto, um *sod*, que escapará a qualquer discurso: "O mais difícil é levar aquele que se inicia na interpretação dos sonhos a reconhecer que seu trabalho não se encerra quando tem nas mãos uma interpretação completa, uma intepretação plena de sentido, coerente e que dá conta de todos os elementos, do conteúdo do sonho. É que, para o mesmo sonho, é possível que haja outra interpretação ... que me haja escapado."[53] Para a leitura do sintoma enquanto formação do inconsciente a lei é a mesma, disse-o também Freud: multiplamente determinado, isto é, sobredeterminado, o sintoma demanda leitura,[54] e sabe-se que qualquer interpretação estará sempre sujeita a outra interpretação.

Modernamente, o método analítico também se utiliza de cortes e anagramas para fazer revelar aquilo que estava recalcado: em "O Homem dos Ratos", Freud decompõe a fórmula conjugatória *Gleijisamen*, que devia proteger a amada do paciente, em *Gisela e Samen* (esperma), com a fusão das letras.[55] Esta modalidade de decomposição na análise das formações do inconsciente não significa que o analista tenha que se preocupar em fazer sínteses para o paciente: ela se abre para a multiplicidade de sentidos devolvendo à pulsão a capacidade de mobilidade. Freud adverte, comparando a atividade do analista à de um químico, que, se o exercício da psicanálise implica separar, cortar e dividir os processos anímicos em componentes elementares, nem por isso o analista está obrigado a fazer sínteses. Estas são da alçada do paciente e de suas escolhas.[56]

Séculos antes de Freud ler os sintomas, os sonhos e o lapsos, os antigos talmudistas já praticavam o exercício de permutar as letras do texto, segmentá-lo, introduzir espaçamentos, para fazer emergir uma interpretação sempre outra. Assim, por exemplo, a palavra *Anii* (eu) pode ser lida também como *aiin* (nada). transformando por completo o sentido de um escrito. A permutação e combinação de cortes entre as letras, a inserção de brancos constituem a arte que faculta à interpretação tornar-se um ir além, uma criação. A leitura anagramática recolhe, apanha os restos daqui e dali, para recompor palavras. Todos esses recursos visavam – e ainda visam – garantir que o Livro dos livros permanecesse como fonte inesgotável de revelação de sentido. Do ponto de vista semântico, esta busca, tendo como fundamento a ética da diferença, impede que o Texto venha a se fechar. Há, em toda a experiência talmúdica, uma urgência de exterioridade, isto é, a exigência de êxodo, de buscar em outro lugar um outro dizer. É impossível apoderar-se para sempre do Texto, porque sua estrutura opera neste registro da exterioridade: o intérprete, fiel à capacidade subversiva da linguagem, é levado no visível-invisível, no dentro-fora dos textos, a desdobrar os sentidos.

A intertextualidade – sistema constituído a partir das operações entre os elementos ou significantes de uma cadeia de textos que se remetem simultaneamente uns aos outros –, está presente entre os livros do Livro dos livros, pois ela é a própria condição da textualidade do próprio tecido da escrita que se regenera após cada corte, cada leitura.[57] A leitura infinita tem como condição um texto estar sempre em relação com outro texto, e o sentido desses textos não se encontra nem em um nem em outro exclusivamente, mas na relação entre os dois. Em outros termos, não existe texto fechado. Um exemplo clássico da intertextualidade presente na interpretação talmúdica é um *Midrash* que estabelece a lei do jejum de *Yom Kipur*. No Levítico, versículo 16:29, está escrito: "No décimo dia do sétimo mês, afligireis as vossas almas, e nenhuma obra fareis." Não há definição do que é essa *aflição*, e a solicitação de interpretação (*Midrash*) focaliza apenas esta palavra. A expressão "afligir" (*laanot*) ocorre em contextos nos quais é acompanhada pela idéia de sofrimento de privação e de fome. Por exemplo: no Deuteronômio (8:3) – "E te afligiu e te fez passar fome"; nos Salmos, (35:13) – "E afligi minha alma com jejum." Disso deduz-se que o mandamento do Levítico significa: no *Yom Kipur* deve-se jejuar.[58]

Memória e tempo: repetir o futuro

Toda a tensão entre a palavra falada (*Torá* oral) e a escrita (*Torá* escrita) tece o tecido que recobre o fosso radical entre YHVH e o homem. Sobre esse vazio, organizam-se as representações numa cadeia sem limite, onde se entrelaçam presente, passado e futuro. A leitura infinita da *Torá* segue para além de uma simples garantia da memória contra a erosão do tempo: ela é o próprio movimento da transmissão: "Não é só convosco que concluo esta Aliança, desta maneira, mas ainda com qualquer um que se encontre aqui presente hoje, conosco, em presença de YHVH, e com qualquer um que não se encontre aqui conosco" (Deuteronômio, 29:15-19). Um *midrash* muito antigo deste versículo diz que "Todos aqueles que vão nascer no futuro, até o fim de todas as gerações, estavam presentes com eles no Monte Sinai".[59] De modo que a Aliança é, em si mesma, uma ação que mesmo "acontecida" continua a ser devir.

A relação histórica e não mítica dos judeus com o Deus da intolerável ausência[60] toma, como ponto de partida, o surgimento de um tempo que se põe em movimento irreversivelmente. Assim, a palavra que dá início à narrativa bíblica – *Bereshit* – revela, como lembra André Neher, em "Visão do tempo e da história na cultura judaica", que o essencial na narrativa do Gênese, não é o que houve no princípio, mas que houve um princípio. "*Bereshit* não significa: 'no princípio', mas 'num princípio'. O ato criador ocupa um tempo. ... A criação se manifesta pelo surgimento de um tempo".[61] Algo tem início *sine die*, porque criação absoluta, sem fim, sem passado nem presente, apenas puro devir.

Seria preciso dizer também que o sentido prospectivo da Aliança é o mesmo da Criação: interpela o homem a um futuro infinitamente aberto. Como observa Derrida, a Aliança deve ser apreendida como traço de união inapagável entre judeidade e futuro. Aquilo que o judaico acusa ou sugere de humano é o *ser-aberto-ao-futuro*, isto é, "a capacidade de refletir, declarar e anunciar a [identidade] apenas a partir do que vem do futuro".[62] Para tentar articular este entrelaçamento, toma-se a trilha de Lévinas, leitor do Talmude, apelando ao modo como ele liga a memória ao futuro. A judeidade funda-se "*a posteriori*, retroativamente, assume hoje o que, no passado absoluto da origem, não tinha sujeito para ser recebido. ... A memória realiza a impossibilidade: a memória assume, posteriormente, a passividade do passado e domina-o".[63] Trata-se na verdade, de uma "obrigação" de historicidade e de desdobramentos de sentidos referidos à construção singular que cada sujeito faz de sua judeidade.

É possível discernir, na psicanálise como no judaísmo, uma mesma vocação de pensar e viver a história, que é a de reconhecer a relação do passado com o presente como cenas conjugadas uma à outra. O passado coexiste com o presente como virtualidade.[64] Sendo virtual, apresenta-se como um conjunto de singularidades que nada designa nem significa até que aconteça uma atualização significante que demande interpretação. Nesse sentido, tanto a psicanálise quanto o judaísmo tratam a relação passado-presente de modo distinto daquele a que se está acostumado no Ocidente, onde a historiografia considera que passado e presente se colocam um ao lado do outro, jamais os dois *ao mesmo tempo*. Na historiografia ocidental, entre passado e presente há, segundo Michel de Certeau, um modo de "sucessão (um depois do outro), de correlação (proximidade maior ou menor), de efeito (um é causado pelo outro) ou de disjunção (ou um, ou o outro, nunca os dois concomitantemente)".[65]

Para a leitura do Talmude e de toda a literatura sagrada judaica que nasceu da prática de interpretação do texto bíblico ao longo dos séculos, há uma exigência ética de que o intérprete não se distancie temporalmente do Texto. Em cada época, em cada geração, o leitor deverá interpretar subjetivamente aquilo que lhe é transmitido, preservando as estruturas tradicionais da transmissão e assegurando-lhes continuidade. O intérprete não pode apenas remontar a um tempo passado, mas deve participar ativamente da transmissão com a produção de múltiplos e novos sentidos para a letra do Texto.[66] A *Torá*, a doutrina da Revelação, é comparada, pelo Talmude, a uma noiva.[67] Ela não é um objeto de sacralização, mas uma experiência de vida: uma aventura de sentidos, um movimento que impõe ao sujeito debruçar-se ativamente sobre o estranho futuro anterior a ele próprio.

Sob o imperativo bíblico de *Zakhor, Israel!*, o povo judeu é intimado a lembrar. Este mandamento teve efeito duradouro entre os judeus desde os tempos bíblicos: a obrigação de lembrar é o penhor da transmissão. *Zakhor*, que significa lembrar, inscreve a modalidade de pensar a história judaica numa topologia singular do tempo: a cena presente e a do passado se reconhecem uma na outra. É o que se pode ler neste longo e belo parágrafo de Yerushalmi em seu *Zahhor, história judaica e memória judaica*:

> Se a ordem para lembrar é absoluta, existe, entretanto, um *pathos* quase desesperado quanto à preocupação bíblica com a memória, e uma sabedoria aguda que conhece quão curta e instável a memória humana pode ser. Não a história, como se supõe comumente, mas apenas o tempo mítico se repete. Se a história é real, então o Mar Vermelho só pode ser atravessado uma vez, e Israel não pode resistir duas vezes no Sinai, uma contraparte hebraica, se quiserem, à sabedoria de Heráclito. Mas o pacto deve continuar eternamente. ... [e] certamente chegará o dia 'quando vossos filhos vos perguntarem: que significam para vós essas pedras?' Responder-lhes-eis: 'as águas do Jordão dividiram-se diante da Arca da Aliança do Senhor, quando ela o atravessou' (Jos. 4:6-7). Não a pedra, mas a memória transmitida pelos antepassados é decisiva, se a memória contida na pedra tiver que ser invocada a reviver para as futuras gerações. Se não é possível haver uma volta para o Sinai, então o que aconteceu no Sinai deve ser mantido através dos condutos da memória para aqueles que não estiveram lá naquele dia".[68]

O que se vê, pois, é que a tradição judaica de lembrar não consiste apenas e essencialmente na preservação de uma herança ou em uma transmissão mecânica da memória, mesmo que, na aparência, seja esta a impressão. *Zakhor* significa fazer da memória uma aventura de historicidade criativa a partir de um conjunto de traços a serem reinscritos permanentemente, a cada geração, por todos os sujeitos, mas sempre individualmente e diferencialmente. O modo de percepção da história no judaísmo, determinado pela dinâmica de leitura do Texto, distribui o espaço da memória em uma ordem de criação que não obedece à temporalidade linear. Em cada época, em cada geração, o leitor interpreta subjetivamente aquilo que lhe é transmitido, preservando as estruturas tradicionais da transmissão e assegurando-lhes continuidade. Não seria descabido lembrar também que o modo de se fazer a narrativa, o ritmo, o timbre, o som das melodias e os movimentos do corpo são também uma linguagem plena de sentidos, sem que necessariamente chegue-se a conhecer sua significação.

De todos os modos, invocar a memória tem a função de reinaugurar, a cada leitura, o processo histórico entre o povo de Israel e seu Deus, a Aliança, o devir-judeu. Trata-se de dizer de novo algo que continua a ser "por vir". Assim, pode-se dizer que a consciência histórica tornou-se "efeito de uma multiplicidade de vozes das quais ressoam os ecos do passado"[69] que, paradoxalmente, são também ecos do devir. Ou seja: a memória não é tomada pelos judeus como algo morto que resta compreender, mas é aquilo que retorna para "repetir um caminho que nunca foi trilhado",[70] nas palavras do Talmude.

Onde melhor se percebe esse movimento é no livro da *aggadá**, literatura talmúdica – que contém não apenas explicações, interpretações e comentários das histórias bíblicas, mas também lendas, relatos do cotidiano do judaísmo pós-bíblico, assim como anedotas, discussões filosóficas, científicas e éticas. A lógica de um tempo não mensurável pelo relógio ou marcável no calendário subjaz a um processo singular de historicidade, de transmissão, de geração em geração, de uma busca, de uma interrogação (*drash*) sobre os sentidos de um texto grafado no deserto e fertilizado *a posteriori* pelo sopro (*ruach*) das letras mudas do idioma hebraico. Nestas narrativas, os rabinos e eruditos hebreus fizeram coexistir presente-passado numa luta incansável por interpretar a história do povo judeu nos termos de sua própria geração e das gerações subseqüentes. Se na Bíblia o tempo obedece à ordem cronológica, no mundo da *aggadá* as interpretações engendram um outro tempo: Adão pôde instruir o filho na *Torá*, e Moisés sentar-se no banco da sinagoga da Idade Média.[71] Pode-se dizer que a temporalidade talmúdica engendra a diferença, o novo, fazendo do traço da memória o que transmite-se significantemente a partir das relações entre o passado e o presente. E Moisés atravessa o deserto ora na Antigüidade bíblica, ora na Idade Média, ora na modernidade, e o atravessará ainda quantas vezes for necessário transpô-lo, provavelmente para sempre. A alteridade dita pelo Texto é a garantia do êxodo permanente das letras, que se repete a cada geração e em cada sujeito.

Comportará o tratamento psicanalítico uma estratégia de tempo e de memória que se avizinha da transmissão do judaísmo?

Em suas reflexões sobre história e psicanálise, Certeau faz notar que "a psicanálise se articula sobre um processo que é o centro do descobrimento freudiano: o retorno do recalcado.[72] O autor identifica que este mecanismo é signo de um tempo passado que habita o presente como virtualidade. De fato, o que Freud observou em sua clínica é que estes dois tempos, passado e presente, estão absolutamente imbricados um no outro, e isto levou-o a construir um modelo de aparelho psíquico segundo o qual a escritura psíquica é efeito de inscrições que insistem e se repetem, causando leitura, esforço de ligação, isto é, recriação constante de um traço segundo novas articulações dos traços de memória.

> Como sabe, estou trabalhando com a hipótese de que nosso mecanismo psíquico formou-se por sucessiva experimentação: o material presente em forma de traços de memória, de tempos em tempos, e um *rearranjo* segundo novos nexos – uma *retranscrição*. Assim, o que há de novo essencialmente em minha teoria é a tese de que a memória não preexiste de maneira simples, mas múltipla, e está registrada em diversas variedades de signos. ... Gostaria de acentuar que as transcrições que se regulam umas às outras representam a realização psíquica de épocas sucessivas da vida. Na fronteira entre duas dessas épocas, deve produzir-se a tradução do material psíquico.[73]

O que fica claro, neste fragmento da Carta 52, é que para Freud a história não se reduz, pura e simplesmente, a uma sucessão temporal: feita sempre no presente ela comporta a retranscrição do passado, que o atualiza e ressignifica. A idéia sobre a tradução do material psíquico no limite de diferentes tempos que aparece no final, traduz seu olhar agudo para o sentido da história do sujeito, terreno fértil sobre o qual a experiência psicanalítica plantou suas raízes. Freud insistirá também, depois de invalidar qualquer ruptura entre psicologia individual e coletiva, que é pelo efeito de permanentes retranscrições que uma verdade histórica pode ser transmitida de geração em geração.

É importante ressaltar que a questão do tempo, da memória e da história aparece na obra de Freud desde os seus primórdios. Sabe-se que, em tempos pré-psicanalíticos, percebeu junto a Joseph Breuer que os sintomas histéricos desapareciam tão logo o paciente alcançava recordar a lembrança de um acontecimento traumático em sua história.[74] Ou seja, para os autores da "Comunicação preliminar", o determinante de um sintoma neurótico, inequivocamente, pertenceria à esfera da história do sujeito. Mas, se nesse trabalho com Breuer, Freud tratava de buscar uma memória apenas como retorno puro e simples à origem do trauma – acontecimento responsável pela causação neurótica –, logo ele passaria a engajar-se numa pesquisa da verdade particular do sujeito – a do tempo *nachträglich* – inscrita nas vicissitudes de sua história. A tese freudiana propõe uma nova modalidade de leitura ao trauma e, uma vez que ele não mais se resume a um único tempo, mas exige a participação de dois tempos, a memória ganha uma função dinâmica dentro do próprio processo analítico. O recordar, repetir e elaborar freudiano trouxe uma mudança da clínica que já não se detinha apenas na causa do sintoma e em sua significação, mas voltava-se para a criação de sentidos – o preenchimento de lacunas da memória para superar as resistências ao processo analítico.[75] A noção de lembranças encobridoras, desenvolvida por Freud no ensaio homônimo de 1889, determinou que o ato de recordar em análise está para além de uma simples recuperação da lembrança de um evento traumático ou de sua explicação simbólica. Recordar em análise implica que o sujeito produza, durante o desenrolar de sua neurose de transferência, sentidos múltiplos para as marcas do que recebeu passivamente, como forma de êxodo. É isso que se chama de história analítica: errância pelo país do Outro, "estranha-estrangeira" experiência.

E diante dos impasses do fenômeno da compulsão à repetição no tratamento analítico, daquilo que se repete incessantemente, como *acting-out*, que é o que não pode ser recordado nem falado, porque jamais foi inscrito na cadeia simbólica do paciente, Freud elaborou um novo procedimento clínico – as construções – para reconduzir o tratamento ao processo de narrativa de uma história que demanda uma escuta singular. Toda a operação dessas construções visa possibilitar ao analisando prosseguir sua análise pela via da interpretação, conforme escreve o próprio Freud em seu texto de 1937, "Construções em análise". As construções reconduzem o prosseguimento de uma análise: de posse da construção, o sujeito retorna à regra básica de uma análise – a associação livre, sem a qual não há possibilidade de elaboração e reescritura de sua história. Com isso, pode-se dizer que se a exigência de imprimir um processo de historicidade à análise de seus pacientes já estava presente em Freud desde o começo da construção e da aplicação de seu método, no final de sua obra, em "Análise terminável e interminável", ele reconhece que ao final de uma análise, o analisando apropria-se, definitivamente, do trabalho sem fim de interpretação de sua história.[76]

A dimensão dada por Freud ao sentido da história do sujeito no tratamento analítico foi retomada, com vigor, por Lacan. Sem reduzir o ato de analisar ao fazer do historiador no Seminário 5, ele apontava para o fato de que o analista deve ensinar ao sujeito a reconhecer que seu inconsciente é sua história. Tal tarefa não é fácil, pois, conforme mostra em outra passagem de seu ensino, o trabalho analítico exige o "perfazer a história dos fatos que determinam em sua existência um certo número de volteios históricos". Ou seja, em sua dinâmica, a história analítica não é o passado, ou só o é por ser historicizada no presente: "A história é o passado na medida em que é historiado no presente – historiado no presente porque foi vivido no passado.[77] Assim, a reconstituição histórica do sujeito na psicanálise não pode pertencer à ordem de uma simples coleta de dados historiográficos: o recurso à memória tem, como função, servir de ponto de apoio ao devir. Também Deleuze faz notar que a psicanálise remete a uma *outra* história distinta da História comandada pela relação linear. No processo analítico, diz este filósofo, "o tempo vai do virtual ao atual, isto é, da estrutura a suas atualizações e não de uma forma atual a outra forma".[78] Deleuze chama atenção de que o tempo psicanalítico é devir.

Sob o efeito do esclarecimento retroativo suscitado pela leitura desses autores, não se pode deixar de reafirmar a tese de Certeau de que a clínica psicanalítica desenvolve-se no sentido inverso da historiografia. E é neste ponto que o método freudiano pode ser tomado como análogo ao processo de historicidade criativa do judaísmo. Em páginas esclarecedoras, o próprio Certeau nota que as análises praticadas por Freud desde *A interpretação dos sonhos* parecem apresentar um retorno da "lógica familiar à tradição histórica semítica e judaica de histórias formais, de jogos de liguagem".[79] No entanto, esta arqueologia só aparece na psicanálise transformada pelo que o próprio Freud faz dela: o imperativo de lembrar na análise, para romper sobretudo com significações *a priori* e efetuar mudanças, é o meio pelo qual o sujeito se vê obrigado a comentar-se a si mesmo, a ler os traços de sua própria história, e reescrevê-lo diante de suas dores e sofrimentos, de seus sintomas, inibições e angústias... bem como de suas alegrias. Trata-se exatamente daquilo que John Austin denominou de atos de fala, onde o dizer equivale a um fazer, pois produz mudança eficaz de sentido na situação.[80]

O texto de Lacan também estabelece alguns laços entre a tradição histórica do povo judeu e o processo de historicização no dispositivo analítico. Em "Transmissão e Talmude", ao reconhecer no *Midrash* e no Talmude um "modo de abordagem histórica da qual a moderna crítica da história não seria mais do que um abastardamento",[81] e designar o judeu como aquele que sabe ler, chama atenção para o fato de que a posição antiidolátrica do leitor do Livro garante a transmissão do judaísmo através dos séculos. O *drash*, o nível da interpretação talmúdica que garante a singularidade do sujeito na apreensão do que é transmissível, encontra-se destacado nesse texto de Lacan porque traduz, aproximadamente, a dimensão da pulsão de morte em sua face de potência criadora de diferenças que faz da repetição a não repetição do mesmo. Esta tradição de interpretação no judaísmo – de separação, de corte, de exílio, de produção de diferença – encontra-se expressa no dispositivo analítico e afiança a transmissão da descoberta freudiana. É o que finalmente argumenta Lacan em *O avesso da psicanálise* – texto em que pensa o discurso analítico por relação a outros discursos que circulam na cultura – ao aproximar a modalidade de relação entre o escrito e a intervenção falada na leitura judaica. "A psicanálise, diz ele, talvez não seja concebível como nascida fora dessa tradição [hebraica]. Freud nasceu nela e, como sublinhei, insiste em que só tem propriamente confiança, para fazer avançar as coisas no campo que descobriu, nesses judeus que sabem ler há muitíssimo tempo, e que vivem – é o Talmude – da referência a um texto."[82]

A leitura – escritura judaica –, por supor um vivido constitutivo e irredutível a qualquer interpretação e a qualquer conhecimento, impõe e proporciona a cada sujeito relembrar o traço inapagável da Aliança para anunciá-la a partir do que vem do futuro. Na psicanálise, a interpretação é o instrumento que faz falar aquilo que, anterior a qualquer conhecimento, trabalha em silêncio em favor de uma diferença que há de devir, sempre pontual e evanescente. Em ambos os campos, acontece a magia do movimento de uma palavra singular, vivida como única.

Por Concluir

Trata-se de, ao enunciar
o que foi dito, tornar a dizer
o que nunca foi pronunciado.
Michel Foucault

Elevar a condição do exílio à sua potência máxima e criadora foi, para Freud, parte integrante da construção de uma judeidade inteiramente original e, portanto, estranha ao que convencionalmente se designava como *judeu* no Ocidente. As escolhas e estratégias a partir das quais Freud a praticou e demonstrou definiram-se e desenvolveram-se paralela e articuladamente à invenção da psicanálise, a expressão maior de seu devir-judeu. Isso implicou, para seu criador, o próprio movimento de exilar-se da maioria judaica e das identificações dadas pelo outro sobre sua condição de judeu na Diáspora vienense. Também a experiência de criação da teoria e da clínica psicanalíticas e a luta contra as resistências à psicanálise exigiram de seu fundador um movimento homólogo: a escolha de exilar-se da cultura científica de seu tempo, então marcada pela lógica do mesmo, impôs-lhe fazer-se nômade.

O *devir-psicanalista* de Freud foi efeito de sua desidentificação com a ciência do século XIX que, sob o império da razão ilustrada, conferia à loucura o estatuto de mero erro de sentido e, desencantada, tampouco aceitava que o sonho, as fábulas, o mito e a religião pudessem servir de terreno simbólico para suas pesquisas. Num movimento oposto, Freud aproximou-se desses outros territórios, onde ouviu confirmações conclusivas para sua disciplina irremediavelmente marcada pela escuta do Outro.

Viu-se que o método psicanalítico é uma prática que, às avessas de um processo de identificação, busca precisamente libertar o sujeito de amarras imaginárias para que ele possa vir a marcar sua diferença e exercê-la de maneira singular e criadora. O trabalho de análise envolve levar o sujeito a migrar da multidão familiar, a enfrentar o isolamento da maioria compacta e, nessa travessia, a encontrar, no rigor da palavra, sua singularidade, seu estilo, sua diferença absoluta. O método freudiano define-se por esta prática e tem justamente na palavra a garantia do exercício de sua vocação de exílio, o eco inconfundível de seu próprio objeto, o inconsciente, o país do Outro, lá onde habita o desejo.

Caso se admita que a judeidade nada tem a ver com qualquer essência já dada, sendo uma construção, um devir contínuo, é possível acompanhar esse "tornar-se judeu" de Freud por relação à descoberta da psicanálise. Em suas desterritorializações subjetivas, em sua negação explícita de qualquer identidade judaica e, no limite, de sua identidade religiosa judaica, em sua permanente busca do não-idêntico e em seus êxodos reais – desde a destruição do Templo de Jerusalém, como certa vez escreveu a sua noiva,[1] até a fuga de Viena para Londres –, o devir outro na constituição da judeidade de Freud subjaz à construção da psicanálise enquanto uma prática e uma teoria do não-idêntico, do acontecimento de sentidos novos que emergem na linguagem do desejo de desejar.

É no contexto dessa interpretação que a leitura de *Moisés e o monoteísmo* adquire peso maior quando se quer pensar os vínculos entre judeidade e psicanálise. Ao convocar as vozes da Escritura à tarefa de reinscrever os traços da escritura psicanalítica, Freud não apenas interpreta à moda talmúdica, repetir para criar, a história de errância, êxodo e nomadismo de um povo que escuta os ecos da Palavra de um Deus que se apresenta no tempo futuro – *Eiehe asher Eiehe* ("Eu serei o que eu serei") –, como também serve-se da metáfora bíblica para pensar os destinos da disciplina que inaugurou a partir da escuta do porvir da palavra. A um só tempo, como se teve oportunidade de discutir no terceiro capítulo, Freud apresenta um estudo psicanalítico sobre a origem do sujeito, tomando como paradigma a história do povo judeu, faz uma investigação absolutamente original sobre a diferença judaica, a partir da fundação da alteridade na religião dos hebreus, e fortalece as balizas da psicanálise para assegurar à sua doutrina a possibilidade de permanentemente ultrapassar a si mesma. Conforme comentário de Certeau, é impossível reduzir a registros diferentes as presenças do mito de Moisés, do judeu e do próprio Freud em *Moisés e o monoteísmo*. A regra de escrita desse texto é o *qüiproquó*, um estar no lugar do outro.[2] A distância temporal ou metodológica não separa intérprete e texto, o que significa que o passado não pode ser vivido como algo morto que resta compreender. Freud está totalmente implicado no acontecimento da interpretação.

De fato, o êxodo renovado do Egito/Viena à Palestina/Londres vivido por Freud é único e singular. E, em acréscimo ao que já se disse antes sobre *Moisés e o monoteísmo*, é preciso lembrar que este é um texto onde Freud responde positiva e produtivamente à dor da perda e ao luto trazidos pelo evento nazista, tal qual mais tarde o fariam, como se viu no último capítulo, os prisioneiros de Auschwitz que, ao decretarem a morte de Deus, retornaram ao Livro para circunscrever com palavras o real que então se abate sobre o povo judeu. A tradição de leitura-escritura do *Tanakh* impõe o devir do escrever, de encontrar, no imprevisto e no não-dito, possibilidades de vida. A escrita de *Moisés* é o ato de amor de Freud pela palavra, que, como a vida, é sempre efêmera e transitória. Quanto à vida, em seu pequeno e belíssimo ensaio "Sobre a transitoriedade", Freud diz que, apesar de periodicamente assolada pela guerra, pela doença, enfim, pelo destino inelutável da morte, nem por isto era menos bela.

Fiel a essa percepção, Freud seguiu o preceito bíblico do Cântico dos cânticos – "O amor é forte, é como a morte" –, ao evocar o êxodo hebreu do Egito quando deixava Viena, dando curso uma vez mais à vocação milenar de exílio. O amor que aparece na escrita de Moisés não é o amor travestido da máscara da idealização que tanto mereceu sua atenção como teórico e pensador da cultura, mas um amor Outro, o que se opõe à morte; o mesmo que convoca nas últimas páginas de *Mal-estar na cultura* para fazer face à inclinação destruidora e inóspita dos homens. E creio que o norte da discussão que Freud manteve com Einstein, em "Por que a guerra?", tenha sido dirigido por essa sua convicção de que *Eros é forte, é como Tanatos*. Sem qualquer crença numa possível harmonia e felicidade definitivas entre os homens, em carta ao físico o mestre de Viena reconhece que "tudo o que estimula o desenvolvimento da cultura trabalha simultaneamente contra a guerra".[3] Neste ponto foi categórico: o antídoto contra o traço compulsivo e indestrutível de assassinar, humilhar, destruir e infligir dores ao outro que a humanidade carrega, é manter a chama do desejo de construir a vida permanente e infinitamente acesa. Não se está longe do pensamento de Lévinas quando, em seu comentário sobre o mandamento bíblico "Não matarás", recomenda lê-lo com base em uma antiga interpretação talmúdica sob o signo do desejo: "Farás tudo para que o outro viva".[4] Esta proximidade, que aqui se faz entre os dois pensadores, permite indicar que a psicanálise deve manter-se na cultura como uma disciplina que convoca, para dizê-lo em termos levinasianos, a *responsabilidade* do sujeito pelo outro.

Freud constrói texto, convoca palavras, reinscreve traços, corta letras, dá corpo aos brancos de um pergaminho dos tempos imemoriais e ressignifica genialmente o Livro dos livros. *Moisés* é também efeito de um certo judaísmo, do qual Freud foi um filho iluminado – aquele que impulsiona o sujeito a dominar a pulsão de morte lá onde a palavra mata a Coisa. *Moisés e o monoteísmo* é finalmente o produto de uma prática clínica que jamais se curvou a verdades apriorísticas, porque sempre esteve radicalmente fundada no exercício de escuta da inesgotável melodia pulsional. Nessa perspectiva, pode-se dizer que, ao formalizar o conceito de verdade histórica nesse seu derradeiro texto sobre a cultura, Freud mais uma vez força seu pensamento a ir além dos limites que lhe foram impostos. Como isso reassegura, pouco antes de morrer, como mostra Luiz Alfredo Garcia-Roza em *Mal radical em Freud*, seu lugar inquestionável de inventor de conceitos. Por outro lado, é como homem de letras que Freud, *per via di levare*, extrai do material bruto do Antigo Testamento os elementos principais da escrita de seu "romance histórico" e, com isso, enriquece suas descobertas sobre o espírito e a história do homem.[5]

Em 1934, quando os nazistas jogaram nas fogueiras de Berlim muitos de seus livros e escritos, Freud, sem se deixar intimidar pela barbárie, começou a escrever seu "romance histórico". Se lhe queimavam os livros, restava-lhe, como ao pai – que recolhera da sarjeta o solidéu para seguir seu caminho –, recolher as letras das fogueiras e escrever outros livros. É de certo modo nessa lógica e nessa ética que Freud continua a escrever sem temor e sem horror quando o corpo do judeu se torna objeto privilegiado de uma nova cultura: a do extermínio. Apesar de sua avançada idade e da morte que o espreitava de perto, com sua escrita abria caminho para a produção de mais um devir-judeu em plena vigência do nazismo – livre de compromisso com qualquer laço sangüíneo ou racial com a maioria judaica ou de quaisquer adesões religiosas e nacionalistas.

Nesses termos, Freud de fato conseguiu delinear os contornos de sua judeidade em íntima consonância com seu percurso intelectual e afetivo e com a trajetória da teoria que criou. Quando optou por permanecer junto à minoria judaica, determinou-se – no contexto moderno dos judeus na Europa, entre a emancipação, a assimilação, o recrudescimento em formas contemporâneas do anti-semitismo e os inícios do sionismo inspirado pelo também austríaco Theodor Herzl –, a uma luta muito mais intensa pelo reconhecimento de sua causa.

Do mesmo modo, em seu devir-analista, Freud empenhava-se em não permitir que a psicanálise se fizesse idêntica a si mesma, abrindo com o seu *Moisés* novas possibilidades de pensar a transmissão de um vivido-não vivido, de um dentro-fora, de um conhecido-estrangeiro, de um sabido-não sabido. Com Moisés, Freud avança as questões que vinha perseguindo, desde a escrita de *Totem e tabu*, sobre o enigma da transmissão de uma herança arcaica entre as gerações. Tal esforço não estava, como se disse, desarticulado de suas inquietações sobre o devir da psicanálise, sua transmissão às futuras gerações de analistas.

Nesse entre-dois – o devir-judeu e o devir-analista –, quando precisou fugir da Áustria anexada pelo Reich alemão, Freud propôs ao Comitê Diretor da Sociedade Psicanalítica de Viena proceder como os antigos judeus por ocasião da destruição do Templo de Jerusalém: "Após a destruição do Templo ... o rabino Jochanaan ben Zakkai pediu permissão para abrir uma escola em Jabneh para o estudo da Torá. Nós faremos a mesma coisa. Além de tudo, estamos acostumados a ser perseguidos pela nossa história, pelas nossas tradições e, alguns de nós, pela experiência."[6]

Ao realçar a analogia entre a condição de exílio e a transmissão do judaísmo e da psicanálise, Freud faz acionar as forças necessárias aos que estarão sempre em "trânsito". É preciso dizer que, nesta analogia, ele deixa transparecer uma esperança: para que a psicanálise se faça mais forte do que a destruição, sua transmissão deve estar garantida apenas pelas palavras e pelas letras, essas eternas migrantes do desejo. Se palavras e letras – o Livro – são os únicos laços capazes de reunir o povo judeu disperso, também elas, as letras e palavras, devem manter o vínculo entre os analistas lançados ao exílio pela perseguição nazista.

No êxodo para Londres, Freud igualmente dava seguimento à tradição do leitor sem terra: cidadão da escritura, ele está com as letras em qualquer lugar, no movimento de, pela escrita, vir a "reterritorializar-se" só no livro e permanentemente. Sem dificuldades, como um velho semita acostumado ao nomadismo e à errância pelo deserto, Freud evocou as palavras de Rabbi ben Zakkai para reassegurar aos analistas que a resistência à psicanálise, mesmo quando se manifeste sob a forma de perseguição real aos que aderem à causa, só encontrará em uma certa modalidade de transmissão a arma contra sua força.

Essa foi a grande e derradeira esperança de Freud, embora ele já soubesse que, se muitos viessem a se chamar de psicanalistas, poucos seriam os que poderiam sustentar essa posição de prova e desamparo do exílio sem precisar erigir seus "bezerros de ouro". Freud vislumbrou, ao perceber que "o movimento psicanalítico não seguira a direção desejada",[7] o desvio dos analistas em relação ao próprio objeto da psicanálise: "Aturde-me, às vezes, que os próprios analistas não sejam radicalmente modificados por sua relação com a análise."[8]

Essa percepção haveria de encontrar sua atualização e expressão maiores no destino que as grandes instituições psicanalíticas tomaram com o decorrer dos anos. Ao perceber que a psicanálise fazia parte do complexo da cultura, e por isso mesmo deveria produzir a cada momento histórico suas próprias normas e verdades sem, entretanto, perder de vista seu objeto, Freud, "agregou à teoria do inconsciente uma política que denota a maneira como a psicanálise concebe as modalidades de seu poder e a organização de suas instituições".[9] Nesse momento de fundação do movimento psicanalítico, a história da descoberta da psicanálise e a história de suas instituições se interligam, embora a primeira não possa ser confundida com a segunda, conforme foi assinalado por Freud em *A história do movimento psicanalítico,* onde confessa sua decepção com o movimento e aponta o deslocamento da resistência, até então externa ao *corpus* da psicanálise, para dentro deste *corpus*. "Do mesmo modo que os meus adversários iriam descobrir que não era possível lutar contra a corrente do novo movimento, assim também eu acabaria percebendo que este não seguiria a direção que eu desejava vê-lo seguir."[10]

Já em seus primórdios, o processo de institucionalização da psicanálise criava uma discrepância entre aquilo a que esta se propõe enquanto movimento e o uso que dela fariam os seguidores de Freud quando da fundação da International Psycho-Analytical Association (Associação Psicanalítica Internacional). Fortaleceu-se a instituição psicanalítica através de vínculos identificatórios em detrimento do fortalecimento da psicanálise enquanto saber que visa a abordar um ponto a partir do qual o real é passível de alguma designação. Dessa forma, conforme as conclusões do estudo de Elisabeth Roudinesco, o "sucesso conquistado pela doutrina psicanalítica andou de braços dados com o fracasso de um movimento já à mercê do gigantismo".[11]

Se a força da resistência externa à psicanálise ameaçou-a na aurora de sua fundação, hoje, passados mais de cem anos da descoberta freudiana, enquanto o mundo a reconhece e ela nele garante seu vigor, torna-se não só patente, como surpreendente e decepcionante, a resistência corrosiva no interior das próprias instituições psicanalíticas, criadas em princípio justamente para servir à psicanálise e garantir sua transmissão. O mundo dos analistas ficou basicamente desencantado, sem multiplicidade de distinções, sem espírito, isto é, sem palavras sopradas a partir da alma.

Por que a força subversiva da experiência e da teoria freudianas, não alcançou atravessar as institutições psicanalíticas e, nas palavras de Freud, "modificar radicalmente os analistas" em sua relação com a alteridade? Qual a demanda que se verifica atualmente em muitas das instituições psicanalíticas senão a de que os analistas abandonem a paixão pelo devir do inconsciente em favor de pequenas certezas? Em troca, recebem toda sorte de bens imaginários que lhes trazem a ilusão de ter conquistado a "terra prometida", mergulhando em uma espécie de "delírio identificatório" e impondo ao outro a segregação, ao estilo de uma religiosidade inconfundível.

A vocação do exílio – o movimento mesmo do devir proporcionador de diferenças que sustenta os fundamentos da descoberta freudiana – fica reprimida em nome de um corporativismo associativo que só empobrece a experiência dessa profissão impossível, no dizer do próprio Freud, e a encerra num modelo institucional semelhante ao descrito por Freud em *Psicologia das massas e análise do eu*, do qual a Igreja e o Exército são paradigmáticos.

A sujeição aos regionalismos técnico-teóricos pós-freudianos, em detrimento da prática inaugural da psicanálise – tratamento e pesquisa –, faz com que os analistas terminem apenas por enunciar mimeticamente o discurso reinante na instituição ou em seus grupos de referência. Em muitos desses espaços o nomadismo, o movimento de errância está totalmente paralisado por aqueles que param de ler a escritura freudiana e transformam a teoria psicanalítica num dogma rígido, em sinônimo do que conhecem, recusando-se a perceber que o alimento da psicanálise é justamente aquilo que o analista nunca chegou a pensar. O império das palavras vazias, sob a forma de jargões conceituais e técnicos, denuncia a redução da descoberta freudiana a uma obsessão e à sua adaptação à ordem social. O discurso institucional torna-se um sintoma inanalisável do analista, algo que não lhe traz conflitos; muito pelo contrário, só certezas. Na inflação de publicações de textos estereotipados que se derramam no mercado, é gritante a falta de estilo singular de muitos dos que escrevem, o que só põe em evidência a abolição de toda enunciação do sujeito em favor do discurso dominante. Nesse modelo, a psicanálise fica "encarnada" e enclausurada por um sentido único e absoluto, transformando-se num arsenal de idéias fixas, imutáveis e religiosas, em prejuízo do devir da descoberta de Freud, isto é, de uma criação contínua de sentidos da psiquê humana.

Parece adiantado, nas instituições psicanalíticas, o processo antevisto por Lacan, em "A terceira", segundo o qual no futuro provavelmente a religião triunfará sobre a doutrina freudiana. Entende-se por religião, naturalmente, não a relação subjetiva envolvida na crença em Deus, mas todo discurso que faz triunfar a interdição de pensar e que silencia o sujeito: a idolatria de falsos deuses que favorecem e mesmo fomentam a recusa do outro. Embora, para a psicanálise, "o verdadeiro ateu, enquanto combatente, enquanto revolucionário, não seja aquele que nega a Deus ..., mas sim aquele que se afirma como alguém que não serve a nenhum deus"[12], infelizmente, observa-se que muitos analistas abrem mão da ética freudiana, do compromisso com a palavra por vir, e tornam-se praticantes de uma obscura religião doutrinal. Suportam muito mal o vazio e revivem cotidianamente, em suas instituições, a cena dos hebreus adorando o "bezerro de outro" por conta da ausência de Moisés. Nos dias atuais, quando os meios de comunicação denunciam a grave crise que se abate sobre a psicanálise, é preciso parar para refletir se as próprias instituições psicanalíticas não se tornaram inimigas daquilo que foram criadas para proteger e transmitir.

Em que sentido a abordagem que aqui se buscou desenvolver e aprofundar contribui para a reflexão sobre o destino das instituições psicanalíticas? Essa preocupação desde sempre me acompanha em minha trajetória como psicanalista. Ao longo dos cinco capítulos deste livro, ela esteve comigo apenas tangencialmente, dado que já eram inúmeras e difíceis de articular as questões próprias ao objeto da produção teórica enfocada. Na presente argumentação, porém esse tópico reaparece, trazido pela força de sua importância atual e radical.

Os rumos históricos concretos da institucionalização da psicanálise, se confrontados com a sua inelutável vocação do exílio, pesam sobre a descoberta freudiana com o mesmo impacto inquietante que a criação e a feição concreta assumida pelo Estado de Israel criam um discutível norte para o infindável nomadismo do povo do Livro.[13] Ou que a vertente fundamentalista da religião judaica em ascensão atualmente (como, de resto, nas outras grandes religiões: islamismo e cristianismo), ao fazer do Livro dos livros um ídolo, um totem, interrompe a errância das letras, paralisando-as na construção dogmática de mais um "bezerro de ouro", ou seja de uma identidade total e totalitária. Afinal os judeus fundamentalistas e nacionalistas, como os nazistas, dizem saber o que é "ser judeu", recusando o reconhecimento do outro, e do outro de si mesmo.

Será a psicanálise, além de uma profissão impossível, uma causa fadada inapelavelmente a fracassar dentro da instituição? Freud não autorizou os analistas a veicularem a idéia do término das instituições, nem tampouco a idéia de uma instituição ideal. Não se trata de negar à descoberta freudiana a possibilidade de institucionalizar-se, mas antes de resistir, ainda hoje, ainda uma vez, às resistências à psicanálise, lutando de dentro de suas "casas" por sua transmissão criativa às futuras gerações de analistas.

Assim, talvez seja possível dar testemunho da diferença entre o que significa levar uma causa adiante e conformar-se à sua divulgação perversa. Assim, talvez seja possível desviá-la do fascínio que exercem as promessas religiosas de muitos, para reconduzir os analistas à incansável luta com o desconhecido. Essa mesma luta Jacó travou com o anjo no deserto – e dela saiu ferido e mancando, mas vivo, para transmitir às gerações que dessa forma, o homem conquista a diferença absoluta e que, por isso mesmo, estará obrigado a enfrentar esse embate por todos os tempos.

O analista manca. Sua luta é demonstrar ao mundo que o fracasso de seu saber é signo de sua potência, pois é para a transitoriedade do saber que a psicanálise aponta em sua prática e em sua teoria.

Para aqueles que seguem esse trajeto à risca, o imperativo poético de Jabès repercute amplamente: "Não digas jamais que chegaste; porque tu és passageiro em trânsito." Diante disso – e lembrando que Freud, numa alusão à história bíblica de Jacó, disse ter se tornado um claudicante no face-a-face com os descompassos da pulsão de morte – só resta reconhecer que a importância e a beleza da psicanálise residem justamente em seu caráter de reinvenção permanente.

A sobrevivência da psicanálise parece residir hoje, mais do que nunca, na capacidade de os analistas aprenderem a conservar-se separados mesmo quando dentro da mesma instituição, para que cada qual possa suportar o isolamento e a angústia da condição de exílio – de buscar no estrangeiro, no que está de fora, o reforço à causa analítica. Só assim os analistas ousarão transgredir, em plena era cibernética – como o homem do deserto em suas errâncias de devir outro –, e reabsorver o que terão ido buscar no que é exterior. Quem sabe, num futuro próximo, possam, como fez Freud, desterritorializar-se da cultura dominante e renunciar ao abuso de *shiboleth*[14] na psicanálise, para buscarem, na multiplicidade do que escutam, a estranha e inquietante riqueza do não-idêntico?

Notas

Lista de abreviaturas

AE	Obras completas de Sigmund Freud (Amorrortu Editores)
SF/WF	Correspondência Sigmund Freud/Wilhelm Fliess
SF/ES	Correspondência Sigmund Freud/Eduard Silberstein
SF/AZ	Correspondência Sigmund Freud/Arnold Zweig
SF/KA	Correspondência Sigmund Freud/Karl Abraham
SF/PP	Correspondência Sigmund Freud/Pastor Pfister
SF/LAS	Correspondência Sigmund Freud/Lou Andreas-Salomé
CA	Correspondência de amor e outras cartas

Introdução

1. O termo "arqueologia" utilizado neste trabalho inspira-se no conceito introduzido por Foucault: continuidade e descontinuidade simultâneas entre *epistemes*, quais sejam, estruturas inconscientes que, no campo do conhecimento, determinam os modos como os objetos são percebidos, agrupados e definidos. Cada região histórica da *episteme* é o lugar de uma reestruturação dirigida (mas não organizada) pelas estruturas elaboradas na época anterior, o que implica dizer que certas cenas primitivas habitam e determinam um desenvolvimento que destruirá uma homogeneidade. Cada tempo epistemológico leva em si uma alteridade, uma diferença. Cf. Michel Foucault, *As palavras e as coisas*.

2. Goethe, *Fausto*, parte I, cena 1, apud AE, vol.13, p.156.

3. Os termos "judaísmo", "judaicidade" e "judeidade" são empregados neste livro segundo as definições propostas por Albert Memmi: "judaísmo" recobre "o conjunto das tradições culturais e religiosas"; "judaicidade" (em francês, *judaïcité*) designa expressamente o grupo judeu em sua totalidade demográfica, disperso em várias comunidades através do mundo; "judeidade" (em francês, *judéité*) diz respeito exclusivamente ao fato de sentir-se judeu, ao "modo como um judeu o é, subjetiva e objetivamente". Memmi forja este último termo para dizer do modo como cada qual *vive* seu judaísmo (Cf. Albert Memmi, O homem dominado, p.43-4). A judeidade deve ser entendida como algo a ser definido e sempre construído, jamais terminado, mesmo que o judaísmo enquanto religião não conte para o sujeito. Nesse contexto, convém considerar a definição de Jacques Derrida sobre a judeidade como expressão que funda um ato, uma maneira de tornar-se outro). Cf. Jacques Derrida, *Mal d'archive, une impression freudienne*, p.115).

CAPÍTULO I — ESTRATÉGIAS DE RESISTÊNCIA

1. AE, vol.11, p.8.

2. Entre os quais, particularmente, Carl E. Schorske, *Viena fin-de-siècle: política e cultura*, e Jacques Le Rider, *A modernidade vienense e as crises de identidade.*

3. A palavra *gueto* designa os bairros cercados de muros que abrigavam a comunidade segregada dos judeus nos grandes centros europeus. Sobre o bairro de Leopoldstat, cf. Peter Gay, *Freud, uma vida para o nosso tempo*, p.29.

4. Enquanto o hebraico servia como língua literária e religiosa, o ídiche era essencialmente falado no cotidiano, sobretudo pelas mulheres, que não costumavam aprender a língua sagrada. Somente com o passar dos séculos, pôde surgir uma literatura em ídiche, que teve o seu apogeu nos movimentos culturais judaicos modernos. Uma parte importantíssima da cultura judaica moderna está em ídiche: por exemplo, Isaac Bashevis Singer, escritor laureado com o Prêmio Nobel, representa essa cultura. Cf. Jacó Guinsburg, *Aventuras de uma língua errante*, p.26-8.

5. Max Weinreich, apud Marc-Alan Ouaknin e Dory Rotnemer, *A bíblia do humor judaico*, p.25-6.

6. Peter Gay, apud Estelle Roith, *O enigma de Freud*, p.86

7. Os judeus religiosos devem estar permanentemente com a cabeça coberta. Desde o final do século XVIII, para os menos ortodoxos como Jakob Freud, isto não se impunha com rigor, exceto no sábado, dia sagrado e dedicado ao repouso entre os judeus.

8· Cf. Théo Pfrimmer, *Freud, leitor da Bíblia*, p.64.

9. Cf. AE, vol.7, p.230.

10. Carta de Freud a J. Dwossis, de 15 dezembro de 1930, apud Peter Gay, op. cit., p.24.

11. A informação é de Marthe Robert, em *De Édipo a Moisés: Freud e a consciência judaica*, p.175.

12. Os nomes com que Jakob Freud registrou seu filho na Bíblia da família, foram *Sigismund Schlomo.* Freud nunca usou *Schlomo*, nome do avô paterno, e, depois de começar a assinar *Sigmund* nos últimos anos de escola, adotou o nome logo após a entrada na Universidade. Conforme Peter Gay assinala, Freud jamais mencionou as razões pelas quais encurtou seu primeiro nome, o que faz com que todas as conjecturas sobre o significado deste ato estejam fadadas a se manter como puras especulações. Cf. Peter Gay, op. cit. p.22.

13. SF/WF, carta de 7.7.1897, p.255.

14. Martin S. Bergman, "Moses and the evolution of Freud's identity", in Mortimer Ostow (org.) *Judaism and Psychoanalysis*, p.111.

15. Jean Florence, "As identificações", in Gerôme Taillandier et al., *As identificações na clínica e na teoria psicanalítica*, p.116.

16. Philippe Lacoue-Labarthe e Jean-Luc Nancy, "Le peuple juive ne rêve pas", in Colloque de Montpellier, *La pychanalyse est-elle une histoire juive?*, p.60.

17. Jacques Lacan, Seminário *L'angoisse.*

18. Daniel Boyarin, *Israel Carnal, lendo sexo na cultura talmúdica*, p.243.

19. Cf. Michael de Certeau, *A escrita da história*, p.331.

20· SF/ES, p.83.

21. Na carta de 17.3.1873 de Freud a Emile Fluss (cf. Théo Pfrimmer, op. cit., p.84), observa-se que na casa de seus pais a Festa de Purim era comemorada de acordo com a tradição do Livro de Ester. A Festa de Purim comemora a libertação de Aman, primeiro-ministro de Assuérus, rei da Pérsia, que desejava a destruição do povo judeu. Este episódio é contado no Livro de Ester, um dos escritos da Bíblia hebraica.

22. Numa carta a A.A. Roback, de 20 de fevereiro de 1930, Freud diz não ter recebido uma educação judaica capaz de fazê-lo ler, em hebraico, nem mesmo a dedicatória que lhe escreveu o pai na Bíblia que lhe deu. E acrescenta que lamenta profundamente esta falha em sua cultura. Cf. CA, p.459.

23. Cf. AE, vol.4, p.46-7.

24. CA, carta de 14.8.1882, p.43.

25. O episódio é relatado pelo próprio Freud em AE, vol.4, p.207.

26. Jean-Martin Charcot, apud Jacques Le Rider, op. cit. p.401.

27. Kwame Anthony Appiah escreveu um livro para mostrar que não existem raças humanas senão no plano da noção, do conceito e das suposições simplistas que em geral acompanham sua aplicação, cujo campo é limitado mesmo na biologia. A idéia de "raça", que subjaz aos racismos que se expandiram nas primeiras décadas do século XX, tem contudo, segundo o autor, grande pregnância: "Difícil era ver a possibilidade de abandonar por completo a raça como noção. Poderia algo ser mais real do que o fato de ser judeu, num mundo em que ser judeu significava a ameaça dos campos de extermínio? Num mundo em que ser judeu passara a ter um significado – racial – terrível para todos, o racismo, ao que parecia, só poderia ser enfrentado mediante a aceitação das categorias raciais." Cf. *Na casa de meu pai: a África na filosofia da cultura*, p.23-4.

28. Sander Gilman, *Freud, raça e sexos*, p.20.

29. *Mitteleurope* (Europa Central em alemão) designa, no século XIX e início do século XX, uma área geográfico-cultural e histórica unificada pela cultura germânica: a Alemanha e o Império Austro-Húngaro, com todas as suas dependências.

30. Michael Löwy, *Redenção e utopia*, p.9.

31. Cf. Frederick Karl, *O moderno e o modernismo*, p.18.

32. Cf. Samuel Trigano, *La societé juive à travers l'histoire*, p.438.

33. Steven Beller, *Vienne et les juits* (1867-1938), p.78.

34. CA, carta de 16.9.1883, p.81.

35. Sobre a recusa ou mesmo o conflito de Freud diante do judaísmo, cf. as análises de Jacques Le Rider, op. cit. (capítulo IV), e de Carl Schorske, op. cit. ("Política e parricídio em *A interpretação dos sonhos* de Freud").

36. Cf. Hannah Arendt, *The Jew as Pariah. Jewish Identity and Politcs in the Modern Age.* O conceito de "pária" aparece em diversos livros de Arendt. Em *As origens do totalitarismo*, a autora mostra como a totalitarização da sociedade se inicia com a história do pária e, portanto, com a "exceção". Arendt estende esse conceito do paradigma judeu às milhares de "pessoas sem estado", na intenção de melhor compreender o preconceito quando elevado ao nível de arma ideológica.

37. Para maiores detalhes, ver Michael Löwy, *Rendenção e utopia, o judaísmo libertário na Europa Central.* O autor, integrando diferentes acepções do conceito de "afinidade eletiva" procura demonstrar de que modo o pensamento e os escritos de vários autores judeus – Franz Kafka, Walter Benjamin, Martin Buber, Erich Fromm, György Lukács, entre outros – foram fortemente marcados tanto pelo romantismo alemão quanto pelo messianismo judaico.

38. Albert Einstein, apud Frederick Grunfeld, *Profetas malditos*, p.13.

39. Michael Löwy, op. cit., p.10

40. Samuel Trigano, op. cit., p.241.

41. Hannah Arendt, op. cit., p.68.

42. Heinrich Heine, apud Paul Johnson, *História dos judeus*, p.312.

43. Apud Frederik Grunfeld, *Profetas malditos*, p.176.

44. AE, vol.20, p.9.

45. Hannah Arendt, *Rachel. A vida de uma judia alemã na época do romantismo*, p.20.

46. AE, vol.14, p.21.

47. Apud Jacques Le Rider, op. cit., p.385.

48. Carta inédita de Freud a Sandor Ferenczi, de 8.6.1913, apud Jacquy Chemouni, *Freud e o sionismo*, p.14.

49. Apud Jacquy Chemouni, op. cit., p.45.

50. Jacques Lacan, O Seminário, livro 1, *Os escritos técnicos de Freud*, p.45.

51. Enéias é o herói da *Eneida*, de Virgílio, que, sendo filho de vencidos, tornou-se um errante desejoso de assegurar vingança para seu povo. É deste herói a citação que o descobridor da psicanálise colocou em epígrafe a *A interpretação dos sonhos*: "Flectere si nequeo superos, Acheronta movebo" ("Se não posso fazer meus votos chegarem aos deuses do Alto, porei os Infernos em ação.").

52. AE, vol.14, p.52.

53. Apud Daniel Boyarin, *Israel carnal, lendo o sexo na cultura talmúdica*, p.13. Nesse livro o autor faz uma interpretação do sexo no judaísmo e da diferença que se estabeleceu entre os judeus e os cristãos em relação ao corpo e ao espírito.

54. Os sonhos de Freud vêm sendo exaustivamente analisados na literatura psicanalítica e na pesquisa sobre a questão judaica em Freud. Nas páginas a seguir, focalizam-se apenas os quatro sonhos ditos romanos e a lembrança infantil associada a eles, por considerar-se que eles são os mais ricos para o desenvolvimento deste capítulo. Os outros sonhos em que o elemento judeu manifesta-se marcadamente são os seguintes: "Fechar os olhos / um olho", onde manifesta-se o conflito entre respeito à tradição e assimilação; o sonho do "Tio de barba amarela", em que Freud se interroga sobre o anti-semitismo e os meios de ele e seus filhos serem poupados; e o sonho "Meu filho, o míope", cujo resto diurno é uma peça teatral de Theodor Herzl, o fundador do sionismo, que levanta a questão de um pai judeu preocupado com o futuro de suas crianças a quem não pode dar uma pátria.

55. AE, vol.4, p.211.

56. Muitas tentativas de psicanalisar Freud foram feitas desde o nascimento da psicanálise. A primeira delas, segundo Y.H. Yerushalmi, foi feita por Charles Maylan: *Freuds tragischer Komplex*. A psicanálise, segundo Maylan, nasceu da humilhação e da sede de vingança, existente há séculos, de uma raça tipicamente desagradável. O incidente do gorro mereceu, nesse livro, um capítulo cujo título é "O judeu no excremento". A identificação de Freud com Aníbal expressaria o desejo de vingar as humilhações sofridas pelo pai e solapar o cristianismo, substituindo o papado de Roma por um papado internacional da Razão. Cf. Yosef H. Yerushalmi, *O Moisés de Freud: judaismo terminável e interminável*, p.94-5.

57. AE, vol.4, p.208

58. Segundo informa Lydia Flem, em *A vida cotidiana de Freud e seus pacientes*, p.117.

59. SF/WF, carta de 19.9.1901, p.450.

60. AE, vol.4, p.208.

61. Entre outros: Marthe Robert, op.cit., p.108; Didier Anzieu, op. cit, p.96.

62. Marthe Robert, op. cit., p.109.

63. *País do outro* é o título do livro que Serge Leclaire escreveu sobre a experiência analítica: *O pais do Outro, o inconsciente*, cf. p.53.

64. Apud Bernard Lewis, *O Oriente Médio: do advento do cristianismo aos dias de hoje*, p.16-7.

65. AE, vol.4, p.208-9.

66. Cf. AE, vol.4, p.211.

67. Freud apenas se refere ligeiramente a esta segunda anedota, mas graças à pesquisa de Didier Anzieu, exposta em seu livro. *A auto-análise de Freud e a descoberta da psicanálise*, pôde-se conhecer a piada em sua versão integral. A análise de Anzieu ressalta também o

significado do nome *Richelieu*, que, transformado em palavras comuns da língua francesa, designa um "rico lugar": o atrativo do ganho, outro traço atribuído aos judeus. Cf. Didier Anzieu, op. cit., p.102.

68. CA, carta de 19.10.1855, p.207.

69. Idem.

70. SF/WF, carta de 13.12.1897, p.285.

71. AE, vol.4, p.41.

72. Ibid., p.211.

73. Ibid. p.210.

74. J. Winckelmann, apud Marthe Robert, op. cit., p.112.

75. Cf. Elisabeth Roudinesco, *História da psicanálise na França*, vol.I, passim.

76. Carta a Sandor Ferenczi, apud Carlos Augusto Niceas, "Uma questão de sobrevivência: notas sobre Freud e a IPA", in Jorge Forbes (org.), *A escola de Lacan: a formação do psicanalista e a transmissão da psicanálise*, p.182.

77. SF/KA, carta de 13.5.1908, p.58. Até a fundação da psicanálise, o que Freud tinha em comum com seus interlocutores mais próximos era o fato de que todos eram de origem judaica: Samuel Hammerschlag, seu professor de judaísmo, amigo que o ajudou financeiramente em seus estudos; Josef Breuer, parceiro na clínica de grande peso em sua formação; e, finalmente, seu grande amigo, o médico Wilhelm Fliess, com quem manteve uma correspondência intensa e uma "situação analítica", que, evidentemente, não era reconhecida como tal. Octave Mannoni chama atenção de que a amizade profunda entre estes dois homens sustentou o processo da "análise originária" ("auto-análise" de Freud). Cf. Octave Mannoni, *Freud, uma biografia ilustrada*, p.59- 60.

78. Carta inédita a Ferenczi, de 8.7.1913, apud Jacquy Chemouni, op. cit., p.14.

79. Sigmund Freud, "O valor da vida", entrevista a George Sylvester Vierek em 1926.

80. CA, carta de 18.2.1926, p.421.

81. Uma carta a Karl Abraham por ocasião da polêmica com Jung, resume claramente o que se quer dizer: "Seja seguro de você mesmo! Ainda desta vez nossa ancestral tenacidade judaica será vencedora." SF/KA, carta de 26.12.1908, p.89.

82. Numa carta enviada a Romain Rolland em 1939, Freud contou uma lembrança de mal-estar, relativa a uma viagem que fizera com o irmão Alexandre, em 1904, à Acrópole. Freud explicou ao romancista que por muitos anos duvidara da existência da Acrópole porque pensava que jamais poderia conhecê-la. A perturbação que experimentou quando lá chegou, segundo sua própria interpretação, era efeito do sucesso de ter suplantado o pai, que, não tendo freqüentado a escola secundária, era totalmente ignorante da cultura grega e indiferente a Atenas, um dos berços da civilização ocidental. Essa experiência de Freud vivida na Acrópole é considerada, na literatura psicanalítica, paradigmática da síndrome de fracasso diante do sucesso que o sujeito desenvolve frente a sua superioridade com relação ao pai. Cf. AE, vol.22, p.209.

83. SF/KA, carta de 23,7,1908, p.71.

84. SF/PP, carta de 9.10.1918, p.105.

CAPÍTULO II — LENDO FREUD, A PSICANÁLISE E O JUDAÍSMO

1. AE, vol.19, p.235.

2. AE, vol.14, p.43.

3. Ibid, p.20.

4. AE, vol.20, p.259.

5. AE, vol.19, p.235.

6. Suzana Rotker, Isaacas Choctan & Elisa Lerner, *Los transgresores de la literatura venezuelana*, p.21.

7. Maurice Blanchot, "L'indestructible", in *L' entretien infini*. p.183.

8. Mesmo após a criação do Estado de Israel, o conceito de Diáspora na cultura judaica continua vivo, pois a sensação de não-pertencimento entre os judeus que vivem pelos quatro cantos do mundo não se apagou.

9. Cf. AE, vol.19, p. 270.

10. Cf. AE, vol.21, p.169.

11. David Bakan, op. cit., p.237-46.

12. Yosef H. Yerushalmi, *O Moisés de Freud*, p.189, nota 16.

13. Renato Mezan, *Psicanálise, judaísmo: ressonâncias*, p.161.

14. Apud Ernest Jones, op. cit., vol.3, p.145.

15. Estelle Roith, *O enigma de Freud*, p.14.

16. Sobre a análise do corpo e da sexualidade no judaísmo rabínico, Daniel Boyarin, partindo de um endosso da visão que a Igreja patrística tinha do judaísmo considerado uma religião "carnal", em oposição à Igreja Católica –, argumenta que o judaísmo rabínico estava fundado numa série de pressupostos sobre o corpo humano diferentes dos acolhidos pelo cristianismo. Para os judeus rabínicos, o ser humano é definido como um corpo animado pela alma. É ela quem dá vida ao corpo, cuja existência define o que significa ser humano. Cf. Daniel Boyarin, op. cit., passim.

17. Por *cultura de origem* designa-se tudo o que condiciona as atitudes emotivas, as identificações mais arcaicas e as percepções vividas na infância. Já a *cultura de referência* implica um elemento de reflexão, uma certa triagem na escala de valores em função das quais o sujeito pode se justificar, indicar suas referências. Sobre a aplicação desses conceitos à vida e obra de Freud, cf. Théo Pfrimmer, op. cit, p.337-8, onde o autor procura demonstrar que, em Freud, as contribuições das duas culturas se mesclam desde sua infância mais precoce.

18. Peter Gay, *Um judeu sem Deus*, p.145.

19. Jacques Le Rider, op. cit., p.17.

20. Renato Mezan, op. cit., p.26-32.

21. AE, vol.18, p.249.

22. SF/PP, carta de 25.11.1928, p.183.

23. Cf. AE, vol.21, p.69. A palavra *Logos* não designa apenas "razão", como se costuma pensar. Representa também a fala discursiva dos oradores gregos na assembléia da pólis, lugar de regulação social do país (cf. Jean-Pierre Vernant, *Mito e pensamento entre os gregos*, p.198).

24. AE, vol.20, p.41.

25. Jacques Lacan, "Para além do princípio da realidade", in *Escritos*, p.77

26. Luiz Roberto Monzani, *Freud, o movimento de um pensamento*, p.71.

27. Ibid., p.53.

28. AE, vol.20, p.68.

29. A noção de *ex-istência* é empregada por Lacan para dar um estatuto singular à noção de *existência* e também para designar o lugar excêntrico em que se situa o sujeito do inconsciente. Lacan exprime esta noção através de um neologismo por ele fabricado: *ex-time*, o qual articula *ex* e *intime* (íntimo), para falar a respeito da articulação do dentro e do fora. Esse neologismo, que visa dar conta daquilo que é o mais íntimo do sujeito e, ao mesmo tempo, do que é exterior a ele, é aquele que melhor designa a topologia da inquietante estranheza: uma região exilada no interior do sujeito. *Ex-timo* é o termo em português que corresponde à noção de "ex-timite". Em seu seminário sobre o Real, o Simbólico e o Imaginário, Lacan observa que a questão da *ex-istência* de Deus está intrinsecamente relacionada à relação do sujeito com a ciência e o real. Cf. O Seminário, *RSI*, p.57.

30. Sobre isto cf. Michel de Certeau, op. cit., e os três livros da coleção "Freud et Moïse: Écriture du Père" (Paris, éres, 1997), onde François Balmé, Brigitte Lémere e Solal Rabinovitch, baseados nas elaborações lacanianas em torno dos diferentes registros da paternidade enquanto referida à sua função complexa, relêem as questões apresentadas em *Moisés e o monoteísmo* sobre o que a religião nos ensinou a evocar. De acordo com as indicações da Carta 52, onde Freud representa o inconsciente como escritura, vê-se com bastante clareza de que modo o mito de *Totem e tabu* atravessa toda a obra de Freud até o seu derradeiro trabalho de 1939, quando se transforma em letra textual da própria escritura.

31. Serge Leclaire, *O país do Outro*, p.30.

32. AE, vol.9, p.7.

33. AE, vol.2, p.174. Sigo aqui a tradução do alemão que encontrei em diversos autores de língua francesa citados aqui, os quais tomaram como base a tradução de J. Sedat, *Encyclopaedia universalis* 1990, Symposium, 82.

34. CA, carta de 19.1.1930, p.457.

35. Os "fios do pensamento grego" aludem à carta de Freud a A. Drujanow, documento do Museu Freud de Londres (apud Peter Gay, *Um judeu sem deus*, p.44). Quanto aos "fios da ética judaica", cf. as cartas aqui transcritas da correspondência entre Freud e Abraham no capítulo 1 e seu discurso na B'nai B'rit. No tocante às metáforas, desde seus primeiros textos Freud extraiu da literatura modelos, figuras conceituais e exemplos conclusivos, com isso marcando sua disciplina pela autoridade do poeta, como faz notar ao se referir a Goethe. (AE, vol.21, p.74).

36. CA, carta de 19.1.1930, p.456.

37. Para um estudo profundo sobre a função do mito na cultura, ver Mircea Eliade, *Mito e realidade*. O prólogo de *O livro de Gênese, mitologia hebraica*, de R. Graves e R. Patai, contém uma discussão interessante sobre a aplicação do conceito grego de mitologia à narrativa bíblica.

38. AE, vol.22, p.194.

39. AE, vol.11.

40. Josaida Gondar, *Os tempos de Freud*.

41. AE, vol.22, p.119.

42. Solal Rabinovitch, "Écriture et défiguration, une lecture du *Moïse* de Freud", *Rue Descartes, 8/9*, p.154.

43. Yosef Hayim Yerushalmi, *Zakhor: história judaica e memória judaica*, p.121.

44. Jacques Derrida, *Mal d'archive*, p.2.

45. Jacques Derrida, *A escritura e a diferença*, p.54.

46. Ibid., p.183.

47. Silviano Santiago et al., *Glossário de Derrida*, p.11.

48. Jacques Derrida, *Mal d'archive*, p.11.

49. Ibid., p.20.

50. AE, vol.20, p.8.

51. O comentário de Jakob Freud sobre a inteligência do filho e a dedicatória estão em Y.H. Yerushalmi, *O Moisés de Freud, judaísmo terminável e interminável*, p.101 e 111, respectivamente. Para Yerushalmi, a construção da dedicatória demonstra que o pai de Freud dominava a Bíblia (pelo menos no tocante às partes proféticas lidas durante a liturgia) e expressa a mentalidade de um judeu tradicional, independentemente do grau de sua fé.

52. Freud se dizia um aventureiro: "Sou por temperamento, nada além de um conquistador. Se você quiser que eu traduza, um aventureiro com toda a curiosidade e tenacidade característica de um homem desta espécie". SF/WF, carta de 1.2.1900, p.399.

53. Jacques Le Rider, op. cit., p.348.

54. O termo *textualidade* esta sendo empregado aqui para designar a potência da letra enquanto geradora de sentidos. Esse tema, assim como o da intertextualidade do Texto Sagrado, será mais desenvolvido no capítulo 5.

55. Emmanuel Lévinas, *Totalidade e infinito*, p.41.

56. Emmanuel Lévinas, *Ética e infinito*, p.71.

57. Emmanuel Lévinas, *Humanismo do outro homem*, p.195.

58. Paul-Laurent Assoun, "Le sujet et L'Autre chez Lévinas et Lacan. Éthique et inconscient", *Rue Descartes 7*, 1993, p.134.

59. Emmanuel Lévinas, *Totalidade e infinito*, p.24.

60. Alain Badiou, *Ética, um ensaio sobre a consciência do mal*, p.34.

61. Ibid., p.33.

62. David Banon, "L áppel de l'autre", *Lévinas, philosophe et juif, L'Arche*, p.70.

63. Cf. Emmanuel Lévinas, *Ética e infinito*, p.87.

64. Cf. Emmanuel Lévinas, *Totalidade e infinito*, p.26.

65. Paul-Laurent Assoun, op. cit., p.12. Os textos de Monique Schneider e de Luiz Claudio Figueredo testemunham também a importância do pensamento levinasiano para a psicanálise. À luz do conceito levinasiano de proximidade, Schneider resgata, de uma forma aguda e original, o *Nebenmench* freudiano em sua primeira formulação no *Entwurf*, de 1895. Figuereido norteou a leitura de Lévinas, visando reflexões mais abrangentes sobre a temporalidade psicanalítica. *Caderno de subjetividade*, Pontifícia Universidade Católica de São Paulo, São Paulo, 1997.

66. Emmanuel Lévinas, *Totalidade e infinito*, p.128.

67. Jacques Lacan, *A ética da psicanálise*, p.153.

68. Jean-Claude Milner, *A obra clara*, p.58. Para bem compreender a proposição de Lacan, é fundamental conhecer a distinção entre os três registros que compõem a tópica de sua teoria: *real*, *simbólico* e *imaginário*. O real é o que subsiste a toda simbolização, é sempre o que resta, o impossível de simbolizar porque resiste à caracterização absoluta. O simbólico é o conjunto dos significantes, marcado pela ausência de um significante que possa totalizá-lo. O imaginário é o sistema dos significados ou das significações cristalizadas. No sentido de caracter, a letra é, a um só tempo, na teoria lacaniana, designada como o suporte material do significante e o que se distingue dele por sua capacidade de marcar a intrusão do radicalmente outro. Cf. *Dicionário de psicanálise*, Roland-Chemamá (org.), p.124-5.

69. Cf. Joel Birman, *Psicanálise, ciência e cultura*, p.215.

70. Jacques Lacan, "Radiophonie", *Scilicet*, 2-3, 1970, p.80. Sobre este mesmo tema confira também a "Proposition", *Scilicet*, 1968, p.21.

71. Jacques Lacan, "Transmisión y Talmude", *Lacan Oral*, 1983, p.199.

CAPÍTULO III — O EXÍLIO E O ESTRANHO

1. Cf. Carta à associação B'nai Brit transcrita no capítulo 2.

2. AE, vol.13, p.9.

3. AE, vol.20, p.259.

4. CA, carta de 3.5.1936, p.493.

5. Numa emocionada carta a sua noiva Martha Bernays, por ocasião do suicídio de seu amigo e colega Nathan Weiss, filho de um eminente doutor de direito rabínico, Freud descreve a vergonha que sentiu diante dos cristãos que como ele ouviam, durante a

cerimônia de sepultamento do morto, um discurso selvagem e cruel do rabino tomado pelo fanatismo e intolerância. Cf. CA, carta de 16.9.1883, p.79.

6. AE, vol.13, p.9.

7. Isaac Bashevis Singer, *O solar*, p.428.

8. Jacques Derrida, *Escritura e diferença*, p.55.

9. Edmond Jabès, "Judaísme et écriture", in M. Moscovici et J.M. Rey (orgs.), *L'écrit du temps*, p.68.

10. Emmanuel Lévinas, Entrevista: *Lire Lévinas*, p.95.

11. Chaim S. Katz, *O coração distante*, p.96.

12. Cf. Gilles Deleuze e Félix Guatarri, *O que é a filosofia?*, p.88 e 89.

13. Juan-David Nasio, *Cinco lições sobre a teoria de Jacques Lacan*, p.87.

14. Maurice Blanchot, *L'entretien infini*, p.185.

15. Sobre a relação das semelhanças e diferenças do mito de Édipo com os mitos bíblicos, cf. Bernard D. Hercenberg, op. cit., p.149-94.

16. Cf. Emmanuel Lévinas, *Transcendência e inteligibilidade*, p.37.

17. Maurice Blanchot, op. cit., p.184.

18. André Chourraki, "Traduire la Bible", in *L'écrit du temps*, Marie Moscovici e Jean-Michel Rey (orgs.), p.24.

19. Cf. Maurice Blanchot, op. cit., p.185.

20. Julia Kristeva, "O povo eleito e a eleição da estranheza", in *Estrangeiros para nós mesmos*, p.71.

21. Eugène Enriquez, "Un peuple immortel?", in Moscovici e Rey (orgs.), op. cit., p.129.

22. Bernard D. Hercenberg, op. cit., p.70.

23. Julia Kristeva, op. cit., p.190.

24. Cf. Michel de Certeau, *A escrita da história*, p.335.

25. Julia Kristeva, op. cit., p.190.

26. Lydia Flem, *O homem Freud, o romance do inconsciente*, p.105.

27. Emmanuel Lévinas, *Quatre lectures Talmudiques*, p.105.

28. Maurice Blanchot, op. cit., p.188

29. Cf. David Banon, *La lecture infinie, les voies de l'interprétation midrachique*, p.68.

30. Harold Bloom, *Abaixo as verdades sagradas: poesia e crença desde a Bíblia até nossos dias*, 1993, p.178.

31. Sigmund Freud, "Death and Us", in Mortiner Ostow (org.), *Judaism and Psychoanalysis*. Trata-se de uma conferência publicada na B'nai B'rit em 1915.

32. AE, vol.18, p.62.

33. Idem.

34. SF/WF, carta de 7.5.1900, p.413.

35. A expressão "cozida em fogo lento não é mais que uma assumida paródia de Lacan, que, no livro 7 de seu Seminário, *A ética da psicanálise*, diz que a escrita de *Moisés e o monoteísmo*, foi "cozida em fogo brando". Já a expressão "desejo de analista" designa a categoria que Lacan introduziu na psicanálise para designar o movimento do analista em relação à escuta da inesgotável melodia pulsional do sujeito, isto é, a alteridade da pulsão no campo analítico. Portanto, trata-se de um desejo de diferença, que não deve ser confundido com o desejo de ser analista. Cf. Jacques Lacan, O Seminário, livro 11, *Mais, ainda*.

36. AE, vol.2, p.309.

37. CA, carta de 19.12.1938, p.510. A lenda do Judeu Errante, ao contrário das histórias de Abraão, Ruth e Jacó, onde a migração é o próprio movimento da busca de diversivi-

dade, de tornar-se outro, diz respeito à errância como condenação. Ahashverus é a metáfora do excluído que, por imposição do outro, está destinado a vagar sem pouso.

38. Juan-David Nasio, op. cit., p.88.

39. AE, vol.22, p.74.

40. Cf. Juan-David Nasio, op. cit., p.88.

41. Michel Foucault, "La pensée du dehors", *Critique*, n°229, p.534.

42. Jacques Le Rider, op.cit., p.16.

43. AE, vol.23, p.7.

44. Cf. SF/AZ, carta de 21.2.1936 e a carta de de 30.9.1936, onde Freud diz ao amigo que o livro que estava escrevendo se chamaria *Der Mann Moses, ein historischer Roman* (*O homem Moisés, um romance histórico*).

45. Chaim S. Katz, *O coração distante, ensaio sobre a solidão positiva*, p.95.

46. Essas formulações do texto de 1938 não passaram desapercebidas a Jacques Lacan. Em seu seminário sobre *A ética da psicanálise*, ele pensa alguns dos impasses da transmissão, da formação e do desejo do analista à luz de *Moisés e o monoteísmo*.

47. SF/AZ, carta de 30.9.1934, p.99.

48. Em conversa particular com Marie Bonaparte em 1927, Freud insistira no inevitável e iminente retorno do poder religioso na Idade Média. Foi diante da tentativa da princesa de convencê-lo de ser o anti-semitismo apenas um mal da Idade das Trevas que o velho sábio respondeu-lhe implacavelmente: "Espere só! Veremos, sem dúvida, um terrível retorno ofensivo do obscurantismo religioso." Cf. Betty B. Fuks, "Das armas e dos deuses", *Tempo Psicanalítico*, "Angústia", n°27, p.122.

49. SF/AZ, carta de 15.2.1936, p.128.

50. Jacques Le-Rider, op.cit., p.394.

51. AE, vol.15, p.147. Segundo James Strachey, editor das *Obras completas* de Freud em inglês, a construção de *Moisés e o monoteísmo* advém da lógica desse chiste.

52. AE, vol.23, p.19.

53. Comentário *midráshico* sobre o Livro de Ruth citado por Julia Kristeva: *Estrangeiros para nós mesmos*, p.80.

54. Y.H. Yerushalmi, *O Moisés de Freud, judaísmo terminável e interminável*, p.65. Para o historiador, a leitura de Freud volta as costas para o liberalismo judeu-secular que acredita ser o judaísmo o produto do "gênio judaico".

55. Jacques Lacan, "A morte de Deus", O Seminário, livro 7, *A ética da psicanálise*, p.211-3.

56. Cf. Jacques Le Rider, op. cit., p.398.

57. Cf. Ernest Jones, Vida e obra de Sigmund Freud, vol.III, p.182 seg., a respeito da crítica veemente que Freud fez às idéias de Theodor Lessing a respeito da "síndrome" do ódio de si.

58. CA, carta de 4.3.1923, p.398. À luz de *Mal-estar na civilização*, melhor se compreendem os desdobramentos teóricos dessa carta a Romain Rolland. Nesse texto, onde Freud aplica a hipótese de uma pulsão de morte ou de destruição à cultura, ele afirma com todas as letras a natureza humana como basicamente destrutiva: "aqueles que preferem os contos de fada se fazem surdos quando se lhes fala da tendência inata do homem à maldade, à agressão e à destruição ..." AE, vol.21, p.116.

59. Ver sobre isto, dois textos de Freud publicados no mesmo volume de *Moisés e o monoteísmo*: "Um comentário sobre o anti-semitismo" e "Anti-semitismo na Inglaterra". Em ambos, Freud deixa explícito que cabia aos *não-judeus* reclamarem por justiça para com os judeus, já que, menos envolvidos, teriam um pouco mais de chance em suas reivindicações.

60. AE, vol.23, p.87. A reflexão essencial do pensamento freudiano sobre os efeitos das pequenas diferenças do outro sobre a maioria homogênea encontra-se em *Mal-estar na*

cultura, AE, vol.21, p.3. Cf. também nesse mesmo texto, p.111, a reflexão que Freud fez sobre o massacre dos judeus pelas comunidades fraternas ligadas pelo amor, à luz do narcisismo das pequenas diferenças.

61. Apud Armand Zaloszcyc, in "Remarques sur la ségrégation constitutive du juif dans le nazisme", *La Lettre*, nº 2, 1993.

62. AE, vol.21, p.111.

63. AE, vol.23, p.88.

64. Christine Buci-Glucksmann, "Figures viennoises de l'alterité. Feminité et judaïté", in Marie Moscovici e Jean-Michel Rey, *L'Écrit du Temps*, nº5, p.56.

65. Apud Jacques Le Rider, op. cit., p.292.

66. Otto Weininger, apud Christine Buci-Glucksmann, "Figures viennoises de l'altérité. Féminité et judaïté", in Marie Moscovici e Jean-Michel Rey (orgs.), *L'Écrit du Temps*, 1984, p.51. Sobre as figuras excluídas do judeu e da mulher na modernidade vienense, cf. igualmente, Jacques Le Rider, *A modernidade vienense*, op. cit., passim.

67. AE, vol.10., p.32, nota 14. Lendo o sexo nos textos da cultura talmúdica, Daniel Boyarin ("This we know to be the carnal Israel") constata que a representação do varão como mulher não era apenas uma fantasia exterior dos anti-semitas, mas também uma representação interna ao judaísmo: a circuncisão, nas interpretações rabínicas, é entendida como feminizadora do varão, o que o torna receptivo ao encontro com o divino. De acordo com essa leitura de Boyarin, verifica-se que, em contraste direto com as acusações anti-semitas de que a circuncisão é uma mutilação do corpo, os textos judaicos frisam, reiteradamente, o aspecto simbólico dessa marca: *ser homem significa passar pela feminilidade.*

68. Eric L. Santner, *A Alemanha de Schreber: uma história secreta da modernidade*, p.144 e 147.

69. AE, vol.23, p.111.

70. Apud Jean-Joseph Goux, *El inconsciente freudiano y la revolución iconoclasta*, p.54.

71. AE, vol.23, p.72. Freud buscou dar um fundamento à universalidade das interdições edípicas construindo um mito: imaginou que um dia os filhos mataram o pai primitivo (*Ur-vater*) e o devoraram, evento a partir do qual teria decorrido um trajeto civilizatório fundado na culpa primordial. O totem seria a expressão desta falta, na medida em que foi erguido como substituto daquele pai. Encarado como ancestral protetor, o totem era também morto e devorado em conjunto pelos membros da tribo para celebrar o triunfo dos filhos.

72. Ibid., p.131.

73. Ibid., p.131-2.

74. A tese de *Psicologia das massas e análise do eu* sustenta que a Igreja e o Exército são massas artificiais que ganham e mantêm o poder desde que os indivíduos coloquem um só e mesmo objeto no lugar vacante do Pai morto e identifiquem-se não apenas uns com os outros, mas sobretudo com esse mesmo objeto amado e idealizado. Esse ensaio, segundo Paul-Laurent Assoun – "El sujeto del ideal, aspectos del malestar en la cultura", p.109 –, revela de que forma, na atualidade, se pratica o mito freudiano da horda primitiva.

75. Maurice Blanchot, op. cit., p.189.

CAPÍTULO IV — YHVH, O ESTRANGEIRO DOS ESTRANGEIROS

1. George Steiner, *No castelo do Barba Azul: algumas notas para a redefinição de cultura*, p.47.

2. A tese de Steiner, tal qual é formulada, constitui um estudo fundamental sobre o horror da Segunda Guerra Mundial: o Holocausto seria um reflexo das reivindicações pulsionais de um politeísmo e de um animismo perversos, que encontraram vazão na idéia de que, matando os judeus, eliminavam os porta-vozes da intolerável Ausência de Deus. Cf. George Steiner, op.cit., p.46-54.

3. *Das Ding* (A coisa): na linguagem corrente, designa aquilo que pode ser pensado, suposto, negado ou afirmado; na teoria do conhecimento, a coisa opõe-se ao fenômeno e, nesse sentido, pode ser utilizada como sinônimo de objeto; e na metafísica (Kant) designa aquilo que subsiste em si mesmo sem pressupor outra coisa. (Cf. André Lalande, *Vocabulário técnico e crítico de filosofia*, p.167.) Em psicanálise, *das Ding* surge como o objeto absoluto, objeto perdido de uma satisfação mítica, objeto que o sujeito procura reencontrar incansavelmente no trajeto de sua libido. *Das Ding* é o outro absoluto do sujeito, o que marca de saída a impossibilidade de ele vir a ser encontrado. Cf. Roland Chemama (org.) *Dicionário de psicanálise*, p.150-2.

4. Cf. Slavoj Zizek, *Eles não sabem o que fazem: o sublime objeto da ideologia*, p.128.

5. Immanuel Kant, *Crítica da faculdade do juízo*, p.121.

6. Ibid., p.103.

7. AE, vol.23, p.137.

8. Ibid., p.105.

9. Cf. ibid., p.139.

10. A palavra alemã *Geistigkeit* foi traduzida, na edição inglesa das obras completas de Freud, por "intelectualidade", apesar da alternativa mais óbvia ser "espiritualidade". O tradutor oficial para o inglês não quis utilizá-la porque a considerava passível de ser mal entendida na leitura do texto freudiano. Cf. AE, vol.23, p.105, n.2.

11. Ernest Cassirer, apud, B.D. Hercenberg, op. cit., p.110.

12. Bernard D. Hercenberg, op. cit., p.39.

13. Ibid., p.114.

14. Alexandre Koyré, *Estudos de história do pensamento científico*, p.181

15. Thomas S. Kuhn, *A estrutura das revoluções científicas*, p.119.

16. Segundo Lévinas, "a História Sagrada é universal, até Abraão". O último episódio da universalidade é Babel; desde então o humano procura-se a partir da singularidade de Abrãao, singularidade aberta a todos os homens que a tal pretendam se agregar". Emmanuel Lévinas, *Transcendência e inteligibilidade*, p.37.

17. Michel Foucault, *As palavras e as coisas*, p.498.

18. Jeanne Defontaine, "Experience culturelle et perte du sens: dè-significations et malaise d'une indifférence", *Revue Française de Psychanalyse*, vol.57, 1993, p.1109-98.

19. Emmanuel Lévinas, *Diós, la muerte y el tiempo*, p.195.

20. Cf. principalmente *Diós, la muerte y el tiempo* e *Totalidade e infinito*.

21. Maurice Blanchot, op. cit., p.187.

22. David Banon, *La lecture infinie*, p.33.

23. A tradução deste versículo foi feita por mim diretamente da Bíblia editada em língua hebraica, que diz a sentença no futuro. Em geral, os tradutores da Bíblia hebraica no Ocidente o traduzem de acordo com a versão grega e latina: "Eu sou aquele que é."

24. Cf. *Dictionnaire encyclopédique du judaïsme*, p.284.

25. Michel de Certeau, *A escrita da história*, p.332.

26. Jacques Derrida, *Mal d'archive*, op. cit., p.114.

27. Philippe Julien, *O estranho gozo do próximo*, p.89.

28. Michel de Certeau, *A escrita da história*, p.332.

29. AE, vol.12, p.365.

30. AE, vol.14, p.191; vol.22, conf. 31; e vol.19.
31. Jacques Lacan, *Mais ainda*, p.196.
32. Jacques Lacan, *D'un Autre à l'autre*, p.154.
33. Edmond Jabés, "Judaïsme et écriture", p.8.
34. Emmanuel Lévinas, *Ética e infinito*, p.98
35. Cf. Jean-François Lyotard, "Figure forclose", p.78.
36. Michel de Certeau, *Historia y psicanalisis*, p.153.
37. Jacques Lacan, *Os quatro conceitos fundamentais da psicanálise*, p.60.
38. Jaques Lacan, *Televisão*, p.32-3.
39. Michel de Certeau, op. cit., p.101.
40. Marco Antonio Coutinho Jorge, *Sexo e discurso em Freud e Lacan*, p.105.
41. "Uma santa loucura: ele e ela", in *História de amor*, p.112. Nesse ensaio, a autora faz um extenso inventário das interpretações judaicas do *Cântico*, poema bíblico fortemente carregado das marcas dos cultos mesopotâmicos da fertilidade e da dramaturgia grega do Antigo Testamento. O termo usado para designar o poema, *Shir-há-Shirim* (*Cântico dos cânticos*) é um superlativo que, segundo Kristeva, exclui a encantação amorosa de qualquer outro discurso ou canto sagrado. Rabi Akiba, talmuldista que defendeu o direito de incluir no Livro dos livros o diálogo amoroso e erótico expresso no poema, utilizou-se na ocasião do seguinte argumento: "Se todas as escrituras são santas, a do *Cântico* é ainda mais santa que as outras."
42. Cf. AE, vol.22, p.85.
43. AE, vol.12, p.163.
44. AE, vol.12, p.105.
45. AE, vol.12, p.165.
46. SF/WF, carta de 11.3.1900, p.404-5.

CAPÍTULO V — INTERPRETAÇÃO: ERRÂNCIA E NOMADISMO DA LETRA

1. Elie Wiesel, *Night*, p.77.
2. Cf. Karen Armstrong, *Uma história de Deus*, p.128.
3. Elie Wiesel, *Memórias, todos los torrentes van a la mar*, p.99.
4. Jacques Lacan, """"Transmisión y Talmude", p.191.
5. Henri Atlan, "Niveaux de signification et atheísme de l'écriture", in *La Bible au présent*, p.86.
6. Em *A invenção da mitologia*, Marcel Detienne propõe, com base na distinção feita por antropólogos entre exegese e interpretação, as seguintes formulações: a exegese é o comentário incessante que uma cultura faz de seu simbolismo, de suas práticas e de seu repertório cultural como um todo. Os exegetas produzem discursos que não têm outro efeito senão o de ser reabsorvido pelo próprio comentário. Já a interpretação é o resultado de uma perspectiva de fora que intervém na tradição memorial. Para que uma interpretação se institua, é preciso que se discuta, critique, discuta e transgrida a tradição: o intérprete explode uma determinada significação, fazendo emergir o não-dito, outros sentidos.
7. David Banon, *La lecture infinie*, p.23.
8. Umberto Eco, *A obra aberta*, passim.
9. Gérard Pommier, "À propos de l'anti-semitisme", *Ornicar?*, 24, p.85.
10. David Banon, op. cit., p.219.
11. SF/KA, carta de 11.5.1908, p.60.

12. Maurice Blanchot, "La parole analytique", in *L'entretien infini*, p.347.

13. Neste livro, designa-se por linguagem tudo aquilo que contém expressividade, sem que necessariamente esteja contido no discurso. O afeto, o som, a cor, o ritmo ou qualquer outra forma de manifestação – tudo é considerado linguagem. Já a fala define-se como a utilização de uma língua pelos sujeitos falantes. Cf. T. Todorov e O. Ducrot, *Dicionário enciclopédico das ciências da linguagem*, p.315.

14. AE, vol.5, p.356.

15. Carlos Augusto Nicéas, "Respostas ao saber suposto", in Jorge Forbes Jorge (org.), *Psicanálise ou psicoterapia*, p.26.

16. Betty Fuks, "Uma ferida narcisica", in Marcos Comaru e Maria Carmem Maya (orgs.), *Neurose obsessiva*, p.26.

17. Cf. Michel Tort, *La interpretación o la máquina hermenéutica*, p.62.

18. David Banon, op. cit., p.255. A citação feita por Banon é de Emmanuel Lévinas.

19. Marc-Alain Ouakin, op.cit., p.7.

20. Gaston Bachelard, *Fragmientos de una poética del fuego*, p.115.

21. Lena Berenstein, "Um texto fora do lugar", *Trieb*, nº1, 1995, p.3.

22. Apud David Banon, *La lecture infinie*, p.204.

23. Cf. Marc-Alain Ouakin, op.cit., p.54.

24. Cf. Jacques Lacan, "Transmisión y Talmude", p.194.

25. AE, vol.4, p.118-9.

26. Maurice Blanchot, "La parole analytique", in *L'Entretien infini*, p.343.

27. Paul-Laurent Assoun, *Metapsicologia freudiana*, p.144.

28. AE, vol.5, p.519.

29. Ibid., p.600.

30. Jacques Lacan, "Función y campo de la palabra...", p.285.

31. Em *Nacimiento e renacimiento de la escritura*, p.129, Gérard Pommier chama atenção para o seguinte fato: "se todas as letras do tetragrama passaram a ter o valor de vogal no grego, e se toda consoante reclama uma voga para que possa ser lida, então o nome de um deus vocálico estará presente cada vez que haja que articular uma consoante, em si mesma impronunciável, caso não receba um sopro vocálico variável.

32. Exemplo transcrito do livro de David Banon, *La lecture infinie*, p.194.

33. Ibid., p.28.

34. AE, vol.11, p.143.

35. Jean Bottero, *O nascimento de Deus, a Biblia e o historiador*, p.162.

36. Gilles Deleuze, *Lógica do sentido*.

37. David Banon, *La lecture infinie*, p.17.

38. AE, vol.4, Prólogo.

39. Ibid., p.285.

40. SF/WF, carta de 2.1.1896, p.203.

41. AE, vol.4, p.323.

42. Ibid., p.323. O funeral judaico deve ser rigorosamente simples e discreto.

43. Cf. Jean-Claude Milner, op. cit., p.105.

44. Edmond Jabés, apud Marc-Alain Ouakin, op.cit., p.59.

45. Maurice Blanchot, op. cit., p.183.

46. Ibid., p.576.

47. AE, vol.4, p.121.

48. Trata-se de um conceito tomado de empréstimo a Malarmé por Derrida para designar a intervenção regulada do branco, marcando a suspensão e o retorno da cadência textual. É também um indicador de um fora e de uma alteridade irredutíveis,

impossibilitando uma identidade a fechar-se sobre si própria, sobre sua coincidência consigo mesma. Cf. Silviano Santiago, *Glossário de Derrida*, p.33.

49. David Banon, *La lecture infinie*, p.210.

50. Roland Barthes, *Le plaisir du texte*, p.37.

51. Exemplo transcrito de Marc-Alain Ouakin, op. cit., p.28.

52. Talmude *Bavli*, apud David Banon, *La lecture infinie*, p.68.

53. AE, vol.4, p.517.

54. Cf. AE, vol.2, p.255.

55. AE, vol.10, p.220.

56. AE, vol.17, p.155.

57. O termo "intertextualidade" exprime que aquilo que está em jogo é a absorção e transformação de uma multiplicidade de outros textos. Cf. T. Todorov e O Ducrot, op. cit., p.333.

58. Cf. Marc-Alain Ouakin, op. cit. p.49.

59. Yosef H. Yerushalmi, *Zakhor*, p.44.

60. Sobre isso, ver a "Introdução" do livro de Robert Graves e Raphael Patai, *O Livro do Gênese: mitologia hebraica*.

61. André Neher, "Visão do tempo e da história na cultura judaica", in Paul Ricoeur (org), *As culturas e o tempo*, p.176.

62. J. Derrida, *Mal d'árchive*, p.118.

63. Emmanuel Lévinas, *Totalidade e infinito*, p.44.

64. A noção de virtualidade aparece com freqüência, na filosofia contemporânea, em diversos autores. Serve para designar um estatuto de realidade distinto da realidade corpórea ou material. "Talvez o termo virtualidade designasse exatamente o modo da estrutura ou o objeto da teoria com a condição de retirarmos dele todo o caráter vago; porque o virtual tem uma realidade que lhe é própria, mas que não se confunde com nenhuma realidade atual, com nenhuma atualidade presente ou passada; ele tem uma idealidade que lhe é própria, mas que não se confunde com nenhuma imagem possível, com nenhuma idéia abstrata." Gilles Deleuze, "Em que se pode reconhecer o estruturalismo?", in François Châtelet, *História da filosofia, idéias, doutrinas*, vol.8, p.283.

65. Michel de Certeau, *Historia y psicoanálisis*, op. cit., p.79.

66. Cf. Marc-Alain Ouakin, op.cit., p.12.

67. David Banon, *La lecture infinie*, p.66. "Um jogo que se pode fazer com a leitura da raiz da palavra *herança* em hebraico (*morachá*) torna possível ler a palavra *noiva* (*meorassa*). É para nós que Ele dita a *Torá* a Moisés, herança (*morachá*) do povo de Jacó (Deut. 33:4). O Talmude faz ler *noiva* (*meorassa*) no lugar de *herança*."

68. Yossef. H. Yerushalmi, *Zakhor*, p.30.

69. David Banon, op.cit., p.176.

70. Apud Marc-Alain Ouakin, op. cit., p.54.

71. Cf. Yosef H. Yerushalmi, *Zakhor*, p.39.

72. Michel de Certeau, *Historia y psicoanálisis*, p.77.

73. SF/WF, Carta 52, 27.2.1897, p.274.

74. AE, vol.2, p.32.

75. AE, vol.12, p.150.

76. Cf. Joel Birman, *Ensaios de teoria psicanalítica*, p.30.

77. Jacques Lacan, *Os escritos técnicos de Freud*, p.21.

78. Gilles Deleuze, "Em que se pode reconhecer o estruturalismo?", p.285.

79. Michel de Certeau, op. cit., p.105.

80. Sobre a teoria dos atos de fala na clínica psicanalítica a partir dos trabalhos de J.L. Austin, ver o livro de Ana Maria Rudge, *Pulsão e linguagem: esboço de uma concepção psicanalítica do ato*.

81. Jacques Lacan, "Transmisión y Talmude", p.191, 192.
82. Jacques Lacan, *O avesso da psicanálise*, p.127.

Por Concluir

1. "Jerusalém está destruída, e Martinha e eu estamos vivos e felizes. E os historiadores dizem que, se Jerusalém não houvesse sido destruída, nós judeus teríamos perecido como tantas raças antes e depois de nós. Segundo eles, o edifício invisível do judaísmo só se tornou possível depois do desmoronamento do Templo visível" (CA, carta de 23.7.1882, p.38 e 39.).

2. Michel de Certeau, *A escrita da história*, p.305. A palavra *qüiproquó* (do latim *quid pro quo)* pode traduzir-se como "mal-entendido", mas também denota um significado mais preciso, como "tomar uma coisa ou uma pessoa no lugar de outra".

3. Cf. AE, vol.12, p.198.

4. Emmanuel Lévinas, *Ética e infinito*, p.82.

5. Freud, como se sabe, foi invadido pela paixão da escrita desde a mais tenra infância, quando passou a ter em Goethe seu herói secreto. Mais tarde, quando já era tido como um dos maiores pensadores da história, pôde confessar que, como psicanalista, realizou, ainda que de maneira indireta, seu sonho: "permanecer um homem de letras sob a aparência de um médico." Apud L. Flem, *O homem Freud* ..., p.140). A expressão *per via di levare*, tomada de empréstimo por Freud a Leonardo da Vinci, foi utilizada por aquele para ilustrar a análise como um processo semelhante ao escultor que retira do material bruto as possibilidades de sua obra. Cf. AE, vol.7, p.250.

6. Apud Ernest Jones, op.cit., vol.III, p.226. Freud deixou quatro irmãs em Viena. Todas elas foram primeiramente confinadas num único cômodo do apartamento da família. Marie, Adolphine e Pauline foram enviadas a Theresienstadt. Adolphine morreu, segundo os registros de óbito locais, de "Hemorragia interna"; Marie e Pauline foram enviadas para o campo de extermínio de Maly Trostinec; Rosa seguiu para Treblinka. No julgamento de Nuremberg descobriu-se que Rosa, ao chegar naquele campo de extermínio, foi direto para a câmara de gás, logo após ter se apresentado ao comandante-chefe do exército alemão como uma das irmãs de Sigmund Freud. Cf. Betty B. Fuks, "Das armas e dos deuses", in *Tempo Psicanalítico*, n° 27, p.118-9.

7. AE, vol.14, p.57.

8. Carta de Freud a Laforgue, 5.2.1928, in André Bourguignon, *O conceito de renegação em Freud*, p.27.

9. Elisabeth Roudinesco, op. cit., vol.I, p.84.

10. AE, vol.14, p.16.

11. Elisabeth Roudinesco, op. cit., vol.II, p.243.

12. Jacques Lacan, *L'angoisse*, seminário do dia 19 de junho de 1963.

13. A tese de que o regresso do povo judeu a Israel não pode fazer perder-se a transmissão do senso hebreu do devir, sob pena de vir a inviabilizar o judaísmo, é sustentada por vários intelectuais e religiosos israelenses e judeus, entre os quais Bernard Dov Hercenberg, op. cit., passim.

14. Termo do hebraico utilizado por Freud em diversos de seus escritos sempre no sentido de senha, como palavra de nenhum significado, mera repetição, carreadora de identificações imaginárias. Cf. pesquisa de Theo Pfrimmer,. op. cit., p.186.

Aggadá Parte narrativa do Talmude, composta de anedotas, de conversações e de aforismos de todos os gêneros.

Brit Palavra que designa a Aliança, o pacto entre Deus e o povo eleito; significa, no hebraico bíblico, *cortar*.

Brit-Mila Palavra hebraica para "circuncisão", sendo que *Brit* significa "corte.

Davar Palavra, mandamento.

Drash De *darosh* (exigir), é o sentido que se deve procurar obter na leitura, porque jamais dado; é o sentido da palavra que demanda interpretação.

Guemará Literalmente, "complemento", "acabamento", nome de um conjunto de livros escritos em aramaico que são comentários da *Mishná* e existem em duas versões: a de Jerusalém (a mais antiga e menos extensa) e a da Babilônia (a mais usada).

Halakhá De *halokh* (andar); termo genérico que designa o conjunto de discussões, decisões e prescrições ditas "jurídicas" ou "legislativas" fixadas no Talmude, as quais determinam as regras da vida judaica.

Haskalá Movimento cultural racionalista do judaísmo, que se desenvolveu a partir do século XIX com Moses Mendelssohn, em consonância com o processo de emancipação dos judeus e a tendência à sua assimilação.

Hassídico Diz-se do judeu que pertence ao movimento fundado pelo Rabi Israel, dito Baal Schem Tov (Mestre do Bom Nome). O hassidismo é definido como uma corrente mística que se desenvolveu na Europa Oriental nos séculos XVIII e XIX. Movimento de oposição à corrente erudita do judaísmo que visava a valorização da subjetividade do sentimento religioso, da exaltação, da alegria de viver e da prática cotidiana da fé, veio renovar as forças vitais e as bases populares da vida socioreligiosa judaica na Europa Oriental. O pietismo hassídico promoveu uma reelaboração do entusiasmo religioso e democratizou-o, uma vez que autorizava a todos o conhecimento da Torá não apenas através do saber e do intelecto, mas da devoção e do sentimento. O hassidismo se desenvolveu principalmente em ídiche, provavelmente porque voltava-se para as massas, que, em geral, não conheciam o hebraico.

Kadosh Palavra hebraica que designa ao mesmo tempo santo e separado (pl. *kedushim*); usa-se em referência a YHVH, o Santo dos santos, porque irremediavelmente separado.

Kipá Pequeno solidéu com que os judeus cobrem a cabeça.

Melitzá Texto que os antigos talmudistas elaboravam a partir da associação de fragmentos e expressões bíblicas, ou de outros livros sagrados, para formar um novo texto.

Midrash Literalmente "explicação" e/ou "pesquisa", designa a um só tempo uma démarche interpretativa e o conjunto de comentários hebraico do texto bíblico.

Mikrá De *k'aró* (ler), designa, na tradição, o conjunto dos textos bíblicos que o Ocidente chama de *Escrituras*.

Mishná Literalmente, "repetir"; nome da codificação temática da Torá Oral estabelecida, em língua hebraica, no século II de nossa era e que é a base do judaísmo pós-bíblico, sobre a qual o Talmude foi codificado.

Pardés Paraíso, pomar ou jardim do conhecimento; designa habitualmente o percurso da leitura judaica das Escrituras em quatro níveis – *pshat* (sentido literal); *rémèz* (sentido alusivo); *drash* (sentido que demanda interpretação) e *sod* (o não dito), sendo um acróstico de suas iniciais: *p*, *r*, *d*, *s*.

Pshat Literalmente, "que pertence à superfície do texto", sentido óbvio e explícito no texto.

Schlemiel Palavra ídiche que significa "malsucedido". Personagem típico da literatura e do folclore judaico-alemão, corresponde àquele que, em português, chamaríamos de um "joão-ninguém".

Rémèz Sentido alusivo do texto.

Schul Palavra ídiche que significa "escola" e, por extensão, "sinagoga".

Shtetlech Palavra ídiche que designa agrupamentos de judeus, aldeias ou povoados, que abrigavam uma comunidade segregada, mas não cercados de muros como os guetos do Ocidente europeu. Localidade rural que abrigava uma comunidade que se constituía numa minoria social e vinculava-se interiormente não apenas pelas tradições religiosas, como também por uma língua e cultura próprias.

Sod	Sentido indizível de um texto; o que não se exprime.
Talmude	Conjunto da produção literária do Texto bíblico formado pela *Mishná* e pela *Guemará*.
Tanakh	Designa o que comumente no Ocidente chama-se de Antigo Testamento: *Torá* ou *Pentateuco*; *Neviim* ou *Livro dos Profetas*; *Ketuvim*, *Os escritos* ou *Hagiógrafos*. O nome *TaNaKh* compõe-se das letras iniciais de cada um desses livros. A palavra "Bíblia" é oriunda da expressão grega *ta biblia*, que significa "os livros". Não há equivalente desta palavra em hebraico.
Torá	Literalmente, "ensinamento", designa, no sentido restrito, o Pentateuco, e, *lato sensu*, a Lei e a doutrina judaicas.
Torá shebêal pe	*Torá Oral*, designa o conjunto da literatura dita rabínica.
Torá shebiktav	*Torá Escrita*, designa o conjunto dos textos bíblicos.
YHVH	Tetragrama impronunciável que designa o nome do Deus invisível e irrepresentável do povo judeu.

BIBLIOGRAFIA

ANZIEU, Didier. *A auto-análise de Freud e a descoberta da psicanálise.* Porto Alegre: Artes Médicas, 1989.

APPIAH, Kwame Anthony. *Na casa de meu pai: a África na filosofia da cultura.* Rio de Janeiro: Contraponto, 1997.

ARENDT, Hannah. *The Jew as Pariah. Jewish Identity and Politics in the Modern Age.* Nova York: Grove Press, 1978.

_____. *As origens do totalitarismo: anti-semitismo, instrumento de poder.* Rio de Janeiro, Documentário, 1979, 2ª ed.

_____. *Rachel Vanhargen. A vida de uma judia alemã na época do romantismo.* Rio de Janeiro: Imago, 1987.

ARMSTRONG, Karen. *Uma história de Deus: quatro milênios de busca do judaísmo, cristianismo e islamismo.* São Paulo: Companhia das Letras, 1994.

ASSOUN, Paul-Laurent. O *freudismo*, Rio de Janeiro: Jorge Zahar, 1991.

_____. "Le sujet et l'Autre chez Lévinas et Lacan", *Rue Decartes, n. 7: (Logiques de l'étique).* Paris: Albin Michel, jun 1993.

_____. *Metapsicologia freudiana, uma introdução.* Rio de Janeiro: Jorge Zahar, 1995.

_____. "El sujeto del Ideal", in *Malestar en la cultura.* Buenos Aires: Manancial, 1987.

ATLAN, Henri, "Niveaux de signification et atheísme de l'écriture, in *La Bible au présent,* Paris: Gallimard, 1982.

BACHELARD, Gaston. *Fragmientos de una poética del fuego.* Buenos Aires: Paidós, 1992.

BADIOU, Alain. *Ética, um ensaio sobre a consciência do mal.* Rio de Janeiro: Relume Dumará, 1995.

BAKAN, David. *Freud et la tradition mistique juive.* Paris: Payot, s.d.

BANON, David. *La lecture infinie: les voies de l'interprétation midrachique.* Paris: Seuil, 1987.

_____. "L'appel de l'autre", *L'Arche,* nº 459 *(Lévinas, philosophe et juif).* Paris, 1995.

BARTHES, Roland. *Le plaisir du texte.* Paris: Seuil, 1973.

_____. *Mitologias.* São Paulo: Difusão Editorial, 1980.

BASHEVIS SINGER, Isaac. *O solar.* Rio de Janeiro: Francisco Alves, 1984.

BELLER, Steven. *Vienne et les juifs (1867-1938).* Paris: Nathan, 1989.

BERENSTEIN, Lena. "Um texto fora do lugar", *Trieb,* Revista da Sociedade Brasileira de Psicanálise do Rio de Janeiro, nº 1, 1995.

BERGMAN, Martin S. "Moses and the evolution of Freud's identity", in Martimer Ostow (org.), *Judaism and Psichoanalysis,* Nova York, Ktav.

BÍBLIA SAGRADA, traduzida para o português por João Ferreira d'Almeida. Lisboa: Sociedade Biblica Britanica e Estrangeira, 1953.

BIRMAN, Joel. *Psicanálise, ciência e cultura.* Rio de Janeiro: Jorge Zahar, 1994.

_____. *Freud e a interpretação psicanalítica,* Rio de Janeiro: Relume Dumará, 1991.

_____. *Ensaios de teoria psicanalítica,* Rio de Janeiro, Jorge Zahar, 1993.

BLANCHOT, Maurice. *L'entretien infini.* Paris: Galimard, 1986.

BLOOM, Harold. *Abaixo as verdades sagradas: poesia e crença desde a Bíblia até nossos dias.* São Paulo: Companhia das Letras, 1993.

BOTTERO, Jean. *O nascimento de Deus,* a Bíblia e o historiador, São Paulo: Paz e Terra, 1993.

BORGES, Jorge Luiz. *Historias da eternidade.* Rio de Janeiro: Globo, s.d.

BORGES, Njaine Sherrine. *Metamoforses do corpo, uma pedagogia freudiana.* Rio de Janeiro: Fiocruz, 1996.

BOURGUIGNON, André. *O conceito de renegação em Freud.* Rio de Janeiro: Jorge Zahar, 1991.

BOYARIN, Daniel. *Israel carnal: lendo o sexo na cultura talmúdica,* Rio de Janeiro: Imago, 1994.

_____. "This we know to be the carnal Israel", *Critical Inquiry,* 18, p.474-505.

BRUNEL, Pierre (org.). *Dicionário de mitos literários.* Rio de Janeiro: José Olympio, 1997.

BUCI-GLUCKSMANN, Christine. "Figures viennoises de l'altérité. Feminité et judaité", in Marie Moscovici e Jean-Michel Rey (orgs.), *L'écrit du temps.* Paris: Minuit, 1984.

CASSIRER, Ernst. *Linguagem e mito: uma contribuição ao problema dos nomes dos deuses.* São Paulo: Perspectiva, 1972.

_____. *La pensée mythique,* Paris: Minuit, 1972.

CERTEAU, Michel de. *A escrita da história.* Rio de Janeiro: Forense Universitária, 1982.

_____. *Historia y psicoanálisis: entre ciencia y ficción.* México: Universidad Iberoamericana, 1995.

CHEMAMA, Roland (org.). *Dicionário de psicanálise.* Porto Alegre: Artes Médicas, 1995.

CHEMOUNI, Jacquy. *Freud e o sionismo.* Rio de Janeiro: Imago, 1992.

CHNAIDERMAN, Mirian. "Derrida em Freud: a tradução impossível, o desvario necessário", in Célio Garcia et al., *Em torno de Freud.* Rio de Janeiro: Tempo Brasileiro, nº 70, 1982.

CHOURRAKI, André. "Traduire la Bible", in Marie Moscovici e Jean-Michel Rey (orgs.), *L'écrit du temps.* Paris: Minuit, 1984.

COUTINHO JORGE, Marco Antonio. *Sexo e discurso em Freud e Lacan.* Rio de Janeiro: Jorge Zahar, 1988.

DEFONTAINE, Jeanne. "Expérience culturelle et perte du sens: dè-significations et malaise d'une indifférence", *Revue Française de Psychanalyse,* vol.57. Paris, 1993.

DELEUZE, Gilles. *A lógica do sentido.* São Paulo, Perspectiva, 1982.

_____. "Em que se pode reconhecer o estruturalismo?", in François Châtelet (org.), *História da filosofia, idéias, doutrinas.* Rio de Janeiro: Zahar, 1982.

DELEUZE, Gilles & GUATTARI, Felix. *O que é a filosofia?* Rio de Janeiro: Editora 34, 1993.

_____. *Mil platôs: capitalismo e esquizofrenia.* Rio de Janeiro: Editora 34, 1997.

DERRIDA, Jacques. *A escritura e a diferença.* São Paulo: Perspectiva, 1971.

_____. *Mal d'archive, une impression freudienne.* Paris: Galilée, 1995.

_____. "Adieu", *L'Arche,* nº 459 *(Lévinas, philosophe et juif).* Paris, fev 1996.

DEUTSCHER, Isaac. *O judeu não-judeu e outros ensaios.* Rio de Janeiro: Civilização Brasileira, 1970.

_____. *Essais sur le problème juif.* Paris: Payot, 1969.

DETIENNE, Marcel. *A invenção da mitologia.* Rio de Janeiro: José Olympio, 1992.

Dictionnaire encyclopédique du judaïsme, ed. org. por Geoffrey Wigodor. Paris: Les Editions du Cerf/Robert Laffont, 1993.

Eclesiastes. Poema sapiencial. Qohélet/o-que-se-sabe. Transcriado por Haroldo de Campos. São Paulo: Perspectiva, 1990.

ECO, Umberto. *A obra aberta.* São Paulo: Perspectiva, 1971.

ENRIQUEZ, Eugène. "Un peuple immortel?", in Marie Moscovici e Jean-Michel Rey, *L'écrit du temps.* Paris: Minuit, 1984.

FLEM, Lydia. *O homem Freud, o romance do inconsciente*. Rio de Janeiro: Campus, 1993.

FLORENCE, Jean. "As identificações", in Gerôme Taillandier et al., *As identificações na teoria e na clínica psicanalítica*. Rio de Janeiro: Relume Dumará, 1994.

FOUCAULT, Michel. *As palavras e as coisas, uma arqueologia das ciências humanas*. Lisboa: Portugalia, 1966.

_____. *O que é um autor?* Lisboa: Passagens, 1992.

_____. "La pensée du dehors", *Critique*, nº 229 *(Sur Maurice Blanchot)*, 1996.

FREUD, Sigmund. *Obras completas*. Buenos Aires: Amorrortu Editores [AE], 1976 / *Edição standard brasileira das obras completas de Sigmund Freud*. Rio de Janeiro: Imago Editora [ESB], 1969.

_____. "Sobre la psicoterapia de la histeria" (1895). AE, vol.2/ESB, vol.II.

_____. "Sobre los recuerdos encubridores" (1899). AE, vol.3/ESB, vol.III.

_____. *La interprétacion de los sueños* (1900). AE, vol.4/ESB, vol.IV.

_____. "Sobre psicoterapia" (1905). AE, vol.7/ESB, vol.VII.

_____. "El chiste e su relación con lo inconciente" (1905). AE, vol.8/ESB, vol.VIII.

_____. "Delírios y sueños en la 'Gradiva' de W. Jensen" (1907). AE, vol.9/ESB, vol.IX.

_____. "Analisis de la fobia de um niño de cinco años" (1909). AE, vol.10/ESB, vol.X.

_____. A propósito de un caso de neurosis obsesiva" (1909). AE, vol.10/ESB, vol.X.

_____. "Sobre el sentido antitético de las palabras primitivas" (1910). AE, vol.11/ESB, vol.XI.

_____. "El valor de la secuencia de vocales" (1911). AE, vol.7/ESB, vol.VII.

_____. "Sobre la dinâmica de la transferencia" (1912). AE, vol.12/ESB, vol.XII.

_____. *Totem y tabú* (1912). AE, vol.13/ESB, vol.XIII.

_____. "Contribución a la historia del movimiento psicanalítico" (1914). AE, vol.14/ESB, vol.XIV.

_____. "Recordar, repetir y reelaborar" (1914). AE, vol.12/ESB, vol.XII.

_____. "Punctualizaciones psicoanalíticas sobre el amor de transferencia" (1915). AE, vol.12/ESB, vol.XII.

_____. "La transitoriedad" (1916). AE, vol.14/ESB, vol.XIV.

_____. *Conferencias de introducción al psicoanálisis* (1916). AE, vol.15/ESB, vol.XV.

_____. "Una dificultad del psicoanalisis" (1917). AE, vol.17/ESB, vol.XVII.

_____. "Nuevos caminos da la terapia psicoanalítica" (1919). AE, vol.17/ESB, vol.XVII.

_____. "Lo ominoso" (1919). AE, vol.17/ESB, vol.XVII.

_____. *Mas allá del princípio del placer* (1920). AE, vol.18/ESB, vol.XVIII.

_____. "Psicologia das massas e análise do eu" (1921). AE, vol.18/ESB, vol.XVIII.

_____. "Dos artículos de enciclopédia: 'Psicoanálisis' y 'Teoría de la libido'" (1923). AE, vol.18/ESB, vol.XVIII.

_____. *El yo y el id* (1923). AE, vol.10/ESB, vol.X.

_____ "Presentación autobiográfica" (1925). AE, vol.10/ESB, vol.XX.

_____ "Las resistencias contra el psicoanálisis" (1925). AE, vol.19/ESB, vol.XIX.

_____ "Alocución ante los miembros de la Sociedad B'nai B'rith" (1941). AE, vol.14/ESB, vol.XX.

_____. "Pueden los legos ejercer el análisis?" (1926). AE, vol.20/ESB, vol.XX.

_____. *O futuro de uma ilusão* (1927). AE, vol.21/ESB, vol.XXI.

_____. *El malestar en la cultura* (1930). AE, vol.21/ESB, vol.XXI.

_____. *Nuevas conferencias de introducción al psicoanálisis* (1932). AE, vol.22/ESB, vol.XXII.

_____. "Feminilidad" (1933). AE, vol.22/ESB, vol.XXII.

_____. "Por qué la guerra?" (1933). AE, vol.22/ESB, vol.XXII.

_____ "Una perturbación del recuerdo en la Acrópolis" (1936). AE, vol.22/ESB, vol.XXII.

_____ "Construções em análise" (1937). AE, vol.23/ESB, vol.XXIII.
_____ *Moisés y la religión monoteísta* (1939). AE, vol.23/ESB, vol.XXIII.
_____. "Death and us", in Mortimer Ostow, *Judaism and Psychoanalysis.* Nova York: Ktav, 1982.
_____. "O valor da vida", entrevista a George S. Vierek em 1926, in Paulo César de Souza (org.) *O gabinete do dr. Lacan.* São Paulo: Brasiliense.
_____. *Correspondência de amor e outras cartas* [CA]. Rio de Janeiro: Nova Fronteira, 1982.
_____. *Cartas de Sigmund Freud para Eduard Silberstein (1871-1881)* [SF/ES]. ed. org. por Walter Boelich. Rio de Janeiro: Imago, 1995.
_____ & PFISTER. *Correspondance avec le pasteur Pfister (1909-1936)* [SF/PP]. Paris, Gallimard, 1966.
_____ & ZWEIG, Arnold. *Correspondencia Freud-Zweig* [SF/AZ]. Buenos Aires: Grancia, 1974.
_____ & SALOMÉ, Lou Andreas. *Freud/Lou Andreas Salomé: correspondência completa.* Rio de Janeiro: Imago, 1975.
_____ & ABRAHAM, Karl. *Correspondência (1907-1926)* [SF/KA]. Barcelona: Gedisa, 1979.
_____ & JUNG, Carl Gustav. *Freud/Jung: correspondência completa*, ed. org. por William Mcguire. Rio de Janeiro: Imago, 1979.
_____ & FLIESS, Wilhelm. A *correspondência completa de Sigmund Freud para Wilhelm Fliess (1887-1904)* [SF/WF]. Rio de Janeiro: Imago.1986.
FUKS, Betty Bernardo. "Uma ferida narcísica", in Marcos Comaru e Maria Carmem Maya (orgs.), *Neurose obsessiva.* Rio de Janeiro: Letter, 1992.
_____. "Das armas e dos deuses", *Tempo Psicanalítico (Angústia)*, Rio de Janeiro, SPID, 1994.
_____. "As Escrituras e o Talmude: a singularidade de uma hermenêutica", *Agalma*, Escola Brasileira de Psicanálise do Campo Freudiano, ano 2, nº 7, mar 1976.
GARCIA-ROZA, Luiz Alfredo. *O mal radical em Freud.* Rio de Janeiro: Jorge Zahar, 1990.
GAY, Peter. *Freud, uma vida para o nosso tempo.* São Paulo: Companhia das Letras, 1988.
_____. *Um judeu sem Deus.* Rio de Janeiro: Imago, 1992.
GILMAN, Sander L. *Freud, raça e sexos.* Rio de Janeiro: Imago, 1994.
GOUX, Jean-Joseph. *El inconciente freudiano y la revolución iconoclasta.* Buenos Aires: Letra Viva, 1993.
GRAVES, Robert & PATAI, Raphael. *Los mitos hebreos.* Madri: Alianza Editorial, 1964.
GREENBERG, Blue. *On Women and Judaism.* Nova York: Jewish Publication, 1988.
GRUNFELD, Frederick. *Profetas malditos.* Barcelona: Planeta, 1980.
GUINSBURG, Jacó. *Aventuras de uma língua errante.* São Paulo: Perspectiva, 1996.
_____. "Qohélet, O-que-sabe que não sabe", in Haroldo de Campos, *Eclesiastes, poema sapiencial.* São Paulo: Perspectiva, 1990.
HADDAD, Gérard. *El hijo ilegítimo: las fuentes talmúdicas del psicoanálisis.* Jerusalém: La Semana Publicaciones, 1985.
HERCENBERG, Bernard Dov. *O exílio e o poder de Israel e do mundo: ensaio sobre a crise dos limites da representação e do poder.* São Paulo: Paz e Terra, 1996.
JABÈS, Edmond, "Judaïsme et écriture" in Marie Moscovici & Jean-Michel Rey (orgs.). *L'écrit du temps.* Paris: Minuit, 1984.
_____. *Le livre des ressemblances*, Paris: Gallimard, 1976.
JONES, Ernest. *Vida e obra de Sigmund Freud.* Rio de Janeiro: Imago, 1992.
JOHNSON, Paul. *História dos judeus*, Rio de Janeiro: Imago, 1992.
JULIEN, Phillipe. *O estranho gozo do próximo: a ética da psicanálise.* Rio de Janeiro: Jorge Zahar, 1996.

KANT, Immanuel. Crítica da faculdade de juízo. Rio de Janeiro: Forense Universitária, 1995, 2ª ed.
KARL, Frederick. *O moderno e o modernismo*. Rio de Janeiro: Imago.1993.
KATZ, Chaim Samuel. *Psicanálise e nazismo*. Rio de Janeiro: Taurus, 1985.
_____. *O coração distante, ensaio sobre a solidão positiva*, Rio de Janeiro: Revan, 1966.
_____. "Teoria e política na obra de Freud", *Tempo Brasileiro*, nº 70. Rio de Janeiro, 1982.
KAUFMANN, Pierre. *Dicionário enciclopédico de psicanálise: o legado de Freud e Lacan*. Rio de Janeiro: Jorge Zahar, 1996.
KOHN, Max. *Freud e o ídiche*. Rio de Janeiro: Imago, 1994.
KOYRÉ, Alexandre. *Estudos de história do pensamento científico*. Rio de Janeiro: Forense, 1982.
KRISTEVA, Julia. *Histórias de amor*. Rio de Janeiro: Paz e Terra, 1988.
_____. *Estrangeiros para nós mesmos*. Rio de Janeiro: Rocco, 1994.
KRÜLL, Marianne. *Sigmund, fils de Jacob*, Paris: Gallimard, 1979.
KUHN, Thomas. *A estrutura das revoluções científicas*. São Paulo: Perspectivas, 1991.
LACAN, Jacques. "Para além do princípio da realidade", in *Escritos*. Rio de Janeiro: Jorge Zahar, 1998.
_____. "Función y campo de la palabra y del lenguaje en psicoanálisis", in *Escritos*. México: Siglo XX, 1971.
_____. *O Seminário, livro 1: Os escritos técnicos de Freud* (1953-1954). Rio de Janeiro: Jorge Zahar, 1973.
_____. *O Seminário livro 2: O eu na teoria de Freud e na técnica da psicanálise* (1954-1955). Rio de Janeiro: Jorge Zahar, 1985.
_____. *O Seminário, livro 7: A ética da psicanálise* (1959-1960). Rio de Janeiro: Jorge Zahar, 1988.
_____. *O Seminário, livro 11: Os quatro conceitos fundamentais da psicanálise* (1963-1964). Rio de Janeiro: Jorge Zahar, 1973.
_____. *O Seminário, livro 17: O avesso da psicanálise* (1969-1970). Rio de Janeiro: Jorge Zahar, 1992.
_____. *L'angoisse* (1962-1963). Paris, mimeo.
_____. *D'un Autre à l'autre* (1968). Paris, mimeo.
_____. "Proposición", *Scilicet*. Paris: Seuil, 1968.
_____. "Radiophonie", *Scilicet*. Paris: Seuil, 1968..
_____. *Les Non-dupes errent*. (1973-1974). Paris, mimeo.
_____. "A terceira", *Che Vuoi?*, ano I, nº zero, Rio Grande do Sul: Cooperativa Cultural, 1982.
_____. "Transmisión y Talmude", *Lacan Oral*. Buenos Aires: Xavier Bóveda Ediciones, 1983.
_____. *Televisão*. Rio de Janeiro: Jorge Zahar, 1993.
LACOUE-LABARTHE, Philippe & NANCY, Jean-Luc. "Le peuple juif ne rêve pas", in Colloque de Montpellier, *La psychanalíse est-elle une histoire juive?*. Paris: Seuil, 1980.
LECLAIRE, Serge. *O país do Outro: o inconsciente*. Rio de Janeiro: Jorge Zahar, 1992.
LEGENDRE, Pierre. "Les juifes se livrent à des interprétations insensées – expertise texte", in Colloque de Montpellier, *La psychanalyse est-elle une histoire juive?* Paris: Seuil, 1981.
LE RIDER, Jacques. *A modernidade vienense e as crises de identidade*. Rio de Janeiro: Civilização Brasileira, 1992.
LÉVINAS, Emmanuel. *Totalidade e infinito*. Lisboa: Edições 70, 1980.
_____. *Transcendência e inteligibilidade*. Lisboa: Edições 70, 1984.
_____. *Ética e infinito*. Lisboa: Edições 70, 1988.

_____. *Humanismo do outro homem.* Petrópolis: Vozes, 1993.

_____. *Diós, la muerte y el tiempo.* Madri: Colección Teorema, 1994.

_____. *Difficile liberté.* Paris: Albin Michel, 1995.

_____. *Quatre lectures* Talmude*iques.* Paris: Minuit, 1968.

LEWIS, Bernard. *O Oriente Médio: do advento do cristianismo aos dias de hoje.* Rio de Janeiro: Jorge Zahar, 1996.

LÖWY, Michael. *Redenção e utopia.* São Paulo: Companhia das Letras, 1989.

LYOTARD, Jean-Frrançois. "Figure forclose", in Marie Moscovici & Jean-Michel Rey (orgs.), *L'écrit du temps.* Paris: Minuit, 1984.

MALKA, Salomon. *Lire Lévinas.* Paris: CERF, 1984.

MANNONI, Octave. *Freud, uma biografia ilustrada.* Rio de Janeiro: Jorge Zahar, 1994.

MEMMI, Albert. *O homem dominado.* Lisboa: Seara Nova, 1975.

MEZAN, Renato. *Psicanálise, judaísmo: ressonâncias.* São Paulo: Escuta, 1987.

MILNER, Jean-Claude. *A obra clara.* Rio de Janeiro: Jorge Zahar, 1996.

MONZANI, Luiz Roberto. *Freud, o movimento de um pensamento.* Campinas: Unicamp, 1989.

MOSCOVICI, Marie & REY, Jean-Michel (orgs.). *L'écrit du temps.* Paris: Minuit, 1984.

NASIO, Juan-David. *Cinco lições sobre a teoria de Jacques Lacan.* Rio de Janeiro: Jorge Zahar, 1993.

NEHER, André. "Visão do tempo e da história na cultura judaica", in Paul Ricoeur (org.), *As culturas e o tempo.* Petrópolis: Vozes, 1975.

NICÉAS, Carlos Augusto. "Respostas ao saber suposto", in Jorge Forbes (org.), *Psicanálise ou psicoterapia.* São Paulo: Papirus, 1997.

_____. "Uma questão de sobrevivência: notas sobre Freud e a IPA", in Jorge Forbes (org.), *A escola de Lacan: a formação do psicanalista e a transmissão da psicanálise.* Campinas: Papirus, 1984.

OSTOW, Mortimer (org.). *Judaism and Psychoanalysis.* Nova York: Ktav Publishing House, 1982.

OUAKIN, Marc-Alain: *Le livre brüle: lire le* Talmude. Paris: Lieu Commum, 1983.

OUAKIN, Marc-Alain & ROTNEMER, Dori. *A bíblia e o humor judaico.* Lisboa: Contexto, 1996.

OZ, Amos. "Entrevista". *O Globo.* Rio de Janeiro, 6 mar 1994.

PELBART, Peter Pál. *O tempo não-reconciliado.* São Paulo: Perspectiva, 1988.

PFRIMMER, Theo. *Freud, leitor da Bíblia.* Rio de Janeiro, Imago, 1994.

POMMIER, Gérard. *Nacimiento y renacimiento de la escritura.* Buenos Aires: Nueva Visión, 1993.

_____. "A propos de l'anti-semitisme", *Ornicar?*, nº 24. Paris: Lyse, 1981.

RABINOVITCH, Solal. "Écriture et défiguration, une lecture du *Moïse* de Freud", *Rue Descartes, 8|9.* Paris: Albin Michel, 1993.

REGNAULT, François. *Diós és inconciente.* Buenos Aires: Manantial, 1986.

RICOEUR, Paul. "A estranheza do estrangeiro", in Le Nouvel Observateur (org.), *Café Philo.* Rio de Janeiro: Jorge Zahar, 1999.

ROBERT, Marthe. *De Édipo a Moisés: Freud e a consciência judaica.* Rio de Janeiro: Imago, 1989.

ROITH, Estelle. *O enigma de Freud.* Rio de Janeiro: Imago, 1989.

ROTKER, Suzana; CHOCTAR, Isaac; & LERNER, Elisa. *Los transgresores de la literatura venezuelana.* Caracas; Anauco, 1991.

ROUDINESCO, Elisabeth. *História da psicanálise na França,* vols.I e II. Rio de Janeiro: Jorge Zahar, 1989.

RUDGE, Ana Maria. *Pulsão e linguagem.* Rio de Janeiro: Jorge Zahar, 1998.

SANTIAGO, Silviano et al. *Glossário de Derrida*. Rio de Janeiro: Francisco Alves, 1976.

SANTNER, Eric L., *A Alemanha de Schreber*. Rio de Janeiro: Jorge Zahar, 1997.

SCHORSKE, Carl. E. *Viena fin-de-siècle*. São Paulo: Companhia das Letras: 1988.

STERNER, George. *No castelo do Barba Azul: algumas notas para a redefinição de cultura*. Lisboa: Relógio d'Água, 1982.

TODOROV, T. & DUCROT, O. *Dicionário enciclopédico das ciências da linguagem*. São Paulo: Perspectiva, 1977.

TRAVARSO, Enzo. "Les juifs et la culture allemande. Le problème des générations intellectuelles", *Revue Germanique Internationale*, nº 5 (*Germanité, judaïté, alterité*). Paris: Presses Universitaires de France, 1996.

TRIGANO, Samuel. *La société juive à travers l'histoire*. Paris: Fayard, 1992.

VIEIRA, Nelson H. (org.), *Construindo a imagem do judeu*, Rio de Janeiro: Imago, 1994.

_____. *Zakhor: história judaica e memória judaica*. Rio de Janeiro: Imago, 1992.

WIESEL, Elie. *Night*. Nova York: Avon Books, 1969.

_____. *Paroles d'étranger*. Paris: Seuil, 1982.

_____. "Por que escrevo?", in Nelson H. Vieira (org.), *Construindo a imagem do judeu*. Rio de Janeiro: Imago, 1994.

YERUSHALMI, Yosef Hayim. *O Moisés de Freud: judaísmo terminável e interminável*. Rio de Janeiro: Imago, 1991.

_____. *Todos los torrentes van al mar*. Madri: Anaya e Minchnik, 1996.

ZALOSZCYC, Armand. "Remarques sur la ségrégation constitutive du juif dans le nazisme". *La Lettre*, nº 2. Paris, 1993.

ZIZEK, Slavoj. *Eles não sabem o que fazem: o sublime objeto da ideologia*. Rio de Janeiro: Jorge Zahar, 1992.

Coleção Transmissão da Psicanálise

Não Há Relação Sexual
Alain Badiou

Fundamentos da Psicanálise de Freud a Lacan
(3 volumes)
Marco Antonio Coutinho Jorge

Transexualidade
Marco Antonio Coutinho Jorge; Natália Pereira Travassos

Por Amor a Freud
Hilda Doolittle

A Criança do Espelho
Françoise Dolto e J.-D. Nasio

O Pai e Sua Função em Psicanálise
Joël Dor

Introdução Clínica à Psicanálise Lacaniana
Bruce Fink

A Psicanálise de Crianças e o Lugar dos Pais
Alba Flesler

Freud e a Judeidade
Betty Fuks

A Psicanálise e o Religioso
Phillipe Julien

O Que É Loucura?
Simplesmente Bipolar
Darian Leader

5 Lições sobre a Teoria de Jacques Lacan
9 Lições sobre Arte e Psicanálise
Como Agir com um Adolescente Difícil?
Como Trabalha um Psicanalista?
A Dor de Amar
A Dor Física
A Fantasia
Os Grandes Casos de Psicose
A Histeria
Introdução à Topologia de Lacan
Introdução às Obras de Freud, Ferenczi, Groddeck, Klein, Winnicott, Dolto, Lacan
Lições sobre os 7 Conceitos Cruciais da Psicanálise
O Livro da Dor e do Amor
O Olhar em Psicanálise
Os Olhos de Laura
Por Que Repetimos os Mesmos Erros?
O Prazer de Ler Freud
Psicossomática
O Silêncio na Psicanálise
J.-D. Nasio

Guimarães Rosa e a Psicanálise
Tania Rivera

A Análise e o Arquivo
Freud – Mas Por Que Tanto Ódio?
Lacan, a Despeito de Tudo e de Todos
O Paciente, o Terapeuta e o Estado
A Parte Obscura de Nós Mesmos
Retorno à Questão Judaica
Sigmund Freud na sua época e em nosso tempo
Elisabeth Roudinesco

O Inconsciente a Céu Aberto da Psicose
Colette Soler